초판 1쇄 발행 2020년 10월 10일

글 · 양혜정 **그림** · 정경호
편집 · 정지현 **디자인** · 김진영, 이은영
펴낸곳 · 이룸아이 **펴낸이** · 송수정
주소 · 서울시 금천구 디지털로9길 32 갑을그레이트밸리 A동 405호
전화 · 02-373-0120 **팩스** · 02-373-0121
등록 · 2015.10.08.(제2015-000315호)
ISBN 979-11-88617-29-6 | 979-11-88617-22-7(세트)
홈페이지 · www.eribook.com

이 도서의 국립중앙도서관 출판예정도서목록(CIP)은 서지정보유통지원시스템 홈페이지(http://seoji.nl.go.kr)와 국가자료공동목록시스템(http://www.nl.go.kr/kolisnet)에서 이용하실 수 있습니다.(CIP제어번호:CIP2020037252)

작가의 글

어린이 여러분은 이다음에 커서 어떤 사람이 되고 싶나요?

비행사, 요리사, 발명가, 의사, 선생님, 과학자, 예술가…….

세상에는 셀 수 없이 많은 직업이 있고, 저마다 하고 싶은 일이 다를 거예요. 하지만 어떤 일을 하든 훌륭한 사람이 되고 싶은 마음은 같겠지요.

그럼 어떤 사람이 훌륭한 사람일까요?

어려움을 이겨 내고 뜻을 이룬 사람, 남이 하지 않은 일을 처음으로 한 용기 있는 사람, 노력으로 자기 꿈을 이룬 사람 모두 훌륭한 사람입니다.

이 책에는 훌륭한 사람으로 널리 알려진 인물 40명이 나와요.

힌트를 보며 누구를 말하는지 맞혀 보세요. 또 인물들이 들려주는 자기소개와 일화를 읽고, 문제도 풀어 보세요.

이 책을 통해 어린이 여러분이 올바른 가치관을 세우고, 큰 꿈을 키워 나가는 데 도움이 되기를 바랍니다.

양혜정

GUESS 개념 잡는 어린이 백과

♣ 스스로 생각하는 힘을 키우는 어린이 백과

〈GUESS?〉 시리즈는 어린이에게 꼭 필요한 상식과 초등 교과 개념을 쉽고 재미있게 이해할 수 있도록 '유추'라는 생각 도구를 활용한 퀴즈로 구성된 어린이 백과입니다. 제시된 현상들 사이의 유사성을 관찰하고 공통된 속성을 찾아 논리적으로 관계 지으며 유추하는 과정은 스스로 생각하는 힘을 키웁니다. 또한 다변화 정보사회에서 이해의 폭을 넓히고 탐색하는 데 필수적인 사고력과 새로운 방법으로 시도하고 자기 힘으로 문제를 해결하는 자기 주도 학습을 이끌어 줍니다.

♣ 재미있게 놀면서 교과 개념 잡는 4단계 구성

① 알쏭달쏭 퀴즈! ➜ ② 생생한 정보! ➜ ③ 흥미로운 탐험! ➜ ④ 쑥쑥 크는 사고 확장!
4단계 구성의 〈GUESS?〉 시리즈는 주어진 정보를 관찰하여 무엇일지 유추하고 개념 지도를 그리며 새로운 것을 창조해 내는 신개념 학습법입니다. 여러 힌트를 보고 어떤 인물인지 맞힌 후 40명의 인물 이야기를 통해 그들에 대한 존경심을 느끼는 과정에서 아이들이 자신을 발견하고 성장하는 데 도움이 될 것입니다.

퀴즈 풀면서 재미있게 배우는 신개념 어린이 백과

관찰하여 무엇일지 **유추**하고
개념지도를 그리며
새로운 것을 **창조**해 내는
신개념 학습 백과!

- 알고 보면 더 재미있는 한국 인물 ···10
- 이렇게 분류했어요 ···12

01 세종 대왕 백성을 위해 한글 창제한 임금···13
02 에디슨 세기의 발명품을 만들어 낸 발명가···19
03 이순신 거북선 만들어 나라를 구한 장군···25
04 베토벤 위대한 음악 작품을 남긴 작곡가···31
05 허준 『동의보감』을 쓴 조선 최고 의학자···37
06 노벨 인류를 위해 노벨상을 만든 발명가···43
07 광개토 대왕 고구려 땅을 넓힌 왕 중의 왕···49
08 간디 인도의 비폭력 독립운동 지도자···55
09 선덕 여왕 신라 문화를 발전시킨 첫 여왕···61
10 유관순 독립 만세를 외친 독립운동가···67
11 장영실 조선 시대의 최고 과학자···73
12 주몽 활을 잘 쏘는 고구려 세운 임금···79
13 신사임당 조선 최고의 예술가이자 어머니···85
14 왕건 후삼국을 통일하고 고려를 세운 임금···91
15 링컨 노예 해방을 이끈 미국 대통령···97
16 김구 독립 의지를 널리 알린 독립운동가···103
17 뉴턴 만유인력을 발견한 천재 과학자···109
18 김유신 삼국 통일에 공을 세운 신라 장군···115
19 김홍도 조선의 생활 모습을 그린 으뜸 화가···121
20 아인슈타인 과학혁명을 일으킨 천재과학자···127

- ㉑ 정약용 생활에 도움 되는 책을 쓴 실학자 ···133
- ㉒ 헬렌 켈러 장애를 극복한 사회사업가 ···139
- ㉓ 한호 독특한 글씨의 조선 최고 명필가 ···145
- ㉔ 라이트 형제 최초로 비행기를 만든 형제 발명가 ···151
- ㉕ 피카소 미술사의 흐름을 바꾼 천재 화가 ···157
- ㉖ 안중근 독립 의지를 북돋운 독립운동가 ···163
- ㉗ 원효 불교를 널리 알린 신라 승려 ···169
- ㉘ 마리 퀴리 방사능 물질을 발견한 과학자 ···175
- ㉙ 테레사 가난하고 병든 사람을 돌본 수녀 ···181
- ㉚ 파브르 생물을 관찰하고 기록한 곤충학자 ···187
- ㉛ 주시경 한글을 연구해 보급한 국어학자 ···193
- ㉜ 안데르센 동화의 아버지로 불리는 작가 ···199
- ㉝ 콜럼버스 신대륙을 발견한 탐험가 ···205
- ㉞ 다빈치 〈모나리자〉를 그린 천재 예술가 ···211
- ㉟ 나이팅게일 간호학의 기초를 다진 간호사 ···217
- ㊱ 문익점 목화씨를 들여와 보급한 학자 ···223
- ㊲ 장보고 바다를 누빈 국제 무역가 ···229
- ㊳ 페스탈로치 신교육의 기초를 다진 교육자 ···235
- ㊴ 방정환 어린이날 만든 어린이 운동의 창시자 ···241
- ㊵ 김정호 지도에 평생을 바친 지리학자 ···247

- 인물 백과 독후 활동 ···254
- 시대별 주요 사건 ···256
- 한눈에 보는 인물 ···258
- 찾아보기 ···260

이렇게 분류했어요

이 책에 실린 40명의 인물은 내용 구분을 위해 다음과 같이 5가지로 분류했습니다.

문화를 이끈 사람들
베토벤 / 신사임당 / 김홍도 / 한호 / 피카소 / 원효 / 안데르센 / 다빈치

과학을 빛낸 사람들
에디슨 / 노벨 / 장영실 / 뉴턴 / 아인슈타인 / 라이트 형제 / 마리 퀴리 / 파브르

용기로 뜻을 이룬 사람들
세종 대왕 / 간디 / 선덕 여왕 / 링컨 / 헬렌 켈러 / 콜럼버스 / 문익점 / 김정호

나라를 바로 세운 사람들
이순신 / 광개토 대왕 / 유관순 / 주몽 / 왕건 / 김구 / 김유신 / 안중근 / 장보고

사랑을 꽃피운 사람들
허준 / 정약용 / 테레사 / 주시경 / 나이팅게일 / 페스탈로치 / 방정환

GUESS 01

한국 – 조선
[1397년~1450년]

누구일까요?

첫 번째 힌트	★ **조선 시대** 사람이에요.
두 번째 힌트	★ **집현전**을 세웠어요.
세 번째 힌트	★ **백성을 사랑**한 임금님이에요.
네 번째 힌트	★ **만 원짜리 돈**에 나와요.
다섯 번째 힌트	★ '○○ 대왕'이라 불려요.

 **결정적 힌트** "**한글**을 만들었어요."

조선 제4대 임금

세

ㅅㅈㄷㅇ

● 업적 : 훈민정음 만듦, 집현전 설치, 나라의 힘 키움, 나라 땅 넓힘, 정치·군사·문화·과학·예술 등 모든 분야에서 훌륭한 업적을 남김.

세종 대왕

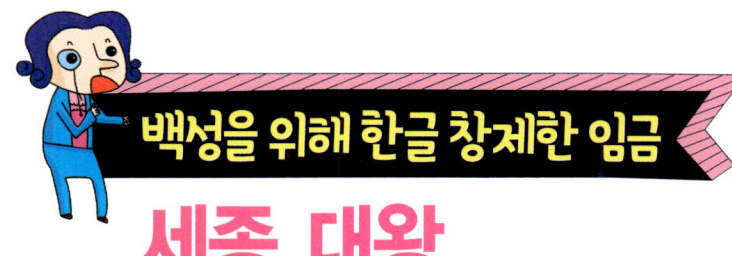

세종 대왕

책을 안 읽어서 혼난 적 있니?

나는 책을 너무 많이 읽어서 혼났단다. 몸이 아플 때도 읽었거든. 새로운 걸 배우는 게 얼마나 재미있던지!

"앓아누워서까지 책을 보다니!"

아바마마 말씀에 신하들은 책을 다 치워 버렸어.

어? 그런데 병풍 사이에 삐죽 책 모서리가 보이는 게 아니겠어? 나는 그 책을 몰래몰래 꺼내 읽곤 했지. 책에서 얻은 지혜는 나라를 이끌어 가는 데 큰 도움이 되었단다.

나는 임금이 된 뒤에 집현전*을 만들어 젊은 학자들이 자유롭게 학문을 연구할 수 있도록 했어.

또 어려운 중국의 글자인 한자로 고생하는 백성을 위해 한글(훈민정음)을 만들었지. 한글은 백성을 사랑하는 내 마음이 담긴 글자란다.

* **집현전** : 조선 초기에 왕이 사는 궁중에 두었던 학문을 연구하는 곳.

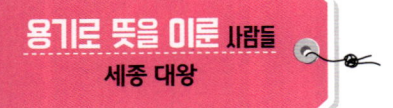

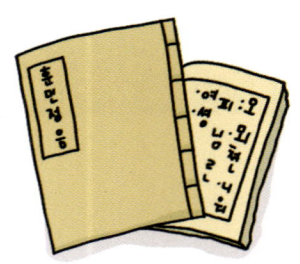

글자를 또 만든다고?

　세종 대왕이 우리글을 만들겠다고 하자 많은 양반이 반대하고 나섰어요.
　"새로운 글자를 만든다는 건 쓸데없는 일입니다!"
　세종 대왕은 백성을 위해 좋은 책을 많이 펴냈어요. 그러나 책을 읽을 수 있는 백성은 거의 없었어요.
　그때 쓰고 있던 한자는 배우기가 어려웠거든요. 또 한자는 우리말을 그대로 옮겨 주지 못했어요.
　'우리말을 그대로 적을 수 있고 백성들이 쉽게 배워 쓸 수 있는 글자를 만들어야 해.'
　세종 대왕은 반대를 무릅쓰고 오랜 연구를 거듭한 끝에 마침내 세상에 하나뿐인 글자를 만들었어요.

소리를 내는 기관의 모양을 따서 자음*을 만들고, 하늘과 땅 그리고 사람 모양을 따서 모음*을 만들었지요.

이 글자로 나타내지 못하는 우리말은 없어요.

무엇보다도 배우기가 아주 쉬워요.

한글은 매우 독창적이고 과학적인 글자로 전 세계 사람들의 부러움을 사고 있답니다.

*자음 : ㄱ, ㄴ, ㄷ, ㄹ, ㅁ …
*모음 : ㅏ, ㅑ, ㅓ, ㅕ, ㅗ …

세종 대왕은 많은 업적을 남겼어요. 다음 중 아닌 것은 무엇일까요?

01 한글을 만들었다.

02 집현전을 세웠다.

03 나라 땅을 넓혔다.

04 거북선을 만들었다.

생각 키우기

세종 대왕은 1418년부터 1450년까지 33년 동안 임금 자리에 있었어요. 그러면서 어느 임금보다 많은 일을 해냈지요. 세계에서 첫손가락에 꼽히는 자랑스러운 우리의 글자, **한글을 만들었을 뿐만 아니라 젊은 학자들을 위해 집현전을 세웠어요. 또한 나라 땅을 넓혀서 국가의 힘을 키우는** 데도 힘썼답니다.

정답 ❹

외국 – 미국
[1847년~1931년]

GUESS 02

누구일까요?

- **첫 번째 힌트** ★ **미국** 사람이에요.
- **두 번째 힌트** ★ **호기심**이 많아요.
- **세 번째 힌트** ★ 하루도 쉬지 않고 **실험**했지요.
- **네 번째 힌트** ★ 궁금해서 **알을 품기도** 했죠.
- **다섯 번째 힌트** ★ 축음기와 전구를 발명했어요.

결정적 힌트 "발명왕이에요."

발명가

에

○ ㄷ ㅅ

● **태어난 곳** : 미국 오하이오 주 밀란 시
● **대표 작품** : 백열전구, 축음기, 사진기 등 1,093가지 발명품

에디슨

세기의 발명품을 만들어 낸 발명가
에디슨 <small>토머스 앨바 에디슨</small>

　사람들은 나를 '발명왕'이라고 불러.

　내가 발명한 물건이 천 개도 넘거든. 백열전구와 전화기, 축음기*처럼 우리 생활에 꼭 필요한 것들을 많이 발명했어. 하지만 이 발명품은 한 번에 만들어진 건 아니야. 수없이 많은 실패를 경험하고 이룬 것이지.

　나는 어려서부터 호기심이 무척 많았어. 그리고 궁금한 게 생기면 그냥 넘기지 못하고 꼭 실험해 보았단다. 내가 수많은 물건을 발명할 수 있었던 것도 끊임없이 실험한 덕분이지.

　"에디슨은 천재야!"

　사람들은 나를 천재라고 부르는데, 천재는 1퍼센트의 아이디어와 99퍼센트의 노력으로 만들어지는 거야. 열심히 노력하면 못 이룰 게 없단다.

---

*축음기 : 사람의 목소리나 음악을 들을 수 있는 기계.

과학을 빛낸 사람들
에디슨

에디슨은 아무도 못 말려!

"엄마, 저 거위는 왜 저러고 있어요?"

어린 에디슨이 물었어요. 다른 거위들은 이리저리 왔다 갔다 하며 먹이를 먹는데 한 마리만 웅크리고 앉아 꼼짝도 하지 않았거든요.

"저렇게 품어 주면 알껍데기를 깨고 새끼가 나오거든."

엄마의 말에 에디슨은 온종일 헛간* 구석에 웅크리고 앉아 알을 품었어요. 정말 새끼가 나오는지 궁금했거든요.

에디슨은 호기심이 참 많았어요. 그리고 궁금한 것은 반드시 알아내고 말았지요. 그러다 보니 사고도 많이 일으켰답니다.

불이 어떤 일을 하는지 알아내려고 헛간을 홀랑 태우기도

하고, 배가 어떻게 물 위에 뜨는지 궁금해서 물속에 뛰어든 적도 있답니다.

그럴 때마다 부모님께 몹시 야단을 맞았지만, 에디슨의 호기심과 실험 정신은 수그러들지 않았어요. 그것은 에디슨이 발명왕이 되는 데 밑거름이 되었답니다.

*헛간 : 문짝이 없는 창고.

에디슨은 청각장애가 있었어요. 귀가 잘 들리지 않는다는 것을 안 에디슨은 어떻게 했을까요?

01 귀를 고치는 의사가 되려 했다.

02 조용해서 집중이 잘된다고 좋아했다.

03 슬픔에 빠져 발명을 그만두었다.

04 귀 수술을 받았다.

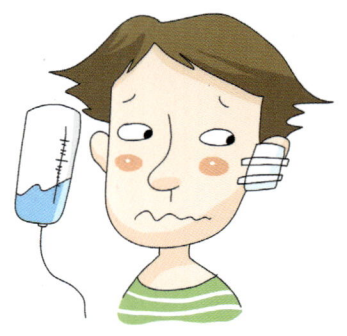

생각 키우기

에디슨은 한때 전신기 기술자로 일했어요. 그즈음 자신의 귀가 잘 들리지 않는다는 걸 알았지요. 그러나 속상해 하거나 걱정하지 않았어요. 오히려 옆 사람 **전신기 신호 소리가 안 들려 자기 일에 집중할 수 있다고 좋아했지요.** 심지어는 소리를 녹음하고 들어 봐야 하는 축음기를 발명할 때도 에디슨의 장애는 문제가 되지 않았답니다.

정답 ❷

한국 - 조선
[1545년~1598년]

GUESS 03

누구일까요?

첫 번째 힌트	★ **조선 시대** 사람이에요.
두 번째 힌트	★ **지혜로운 장군**이지요.
세 번째 힌트	★ **바다**에서 싸웠어요.
네 번째 힌트	★ **일본**을 크게 **무찔렀어요**.
다섯 번째 힌트	★ "적에게 내 죽음을 알리지 마라!"

결정적 힌트  "거북선을 만들었어요."

장군

이

ㅇ ㅅ ㅅ

● 태어난 곳 : 서울 건천동 ● 남긴 책 : 『난중일기』
● 업적 : 임진왜란 때 거북선을 만들어 일본군을 무찌름.

이순신

거북선 만들어 나라를 구한 장군
이순신

거북선 알지?

거북선은 세계 최초의 **철갑선***이야.

나는 일본이 쳐들어올 것을 대비해 **거북선**을 만들었어. 그리고 군사들을 훈련하여 거북선을 잘 몰게 했지.

일본은 우리보다 훨씬 많은 배와 무기를 가지고 쳐들어왔지만 우리는 거북선으로 당당히 맞서 싸워 이겼어.

한때 나는 나를 시기하는 이들의 **모함***을 받아 벼슬에서 쫓겨났어. 그래도 나는 싸움터에 나가 적과 싸웠단다. 내게는 나라를 지키는 일이 무엇보다 중요했거든.

이런 나와 우리 군사들의 **애국심**이 뭉쳐 7년 만에 **임진왜란**을 끝낼 수 있었어.

내가 전쟁을 치르면서 쓴 『**난중일기**』는 우리나라의 역사를 연구하는 데 중요한 자료가 된다는구나.

* **철갑선** : 쇠로 겉을 싸서 만든 전쟁용 배.
* **모함** : 남을 어려운 일에 빠뜨리는 것.

나라를 바로 세운 사람들
이순신

내 죽음을 알리지 마라!

　1592년, 일본이 수많은 배를 이끌고 쳐들어왔어요. 이 소식을 들은 이순신은 겨우 24척의 배를 끌고 옥포*로 갔지요.

　일본군은 이순신이 이끌고 온 배를 보고 한껏 비웃었어요. 그러나 이순신은 그런 일본군을 보기 좋게 무찔렀어요. 그 뒤로 거북선을 앞세운 이순신은 일본과 싸워서 연달아 크게 이겼어요.

　"다시는 우리나라를 넘보지 못하게 해 주겠다!"

　일본군은 '이순신'이라는 이름만 들어도 벌벌 떨었어요.

　노량*에서 싸울 때예요. 앞장서 싸우던 이순신이 갑자기 날아온 총을 맞고 그만 쓰러지고 말았어요.

---

* **옥포** : 우리나라 경남 거제에 있는 곳.
* **노량** : 우리나라 경남 남해군에 있는 곳.

"아버님!"

이순신 곁에 있던 아들이 놀라 다가갔어요.

"내가 죽은 것을 알면 적의 공격이 거세질 거다. 적이 내가 죽은 것을 모르게 해라."

아들은 이순신을 보이지 않게 가려 놓고 계속 싸웠어요.

결국, 이순신 장군의 죽음을 모른 채 왜적은 도망쳤고 전쟁은 끝이 났지요. 마지막 순간까지 나라를 먼저 생각한 이순신은 진정한 영웅이랍니다.

이순신이 만든 거북선의 특징이 아닌 것은 무엇일까요?

01 몸은 거북 모양

02 머리는 용

03 철판으로 덮였다.

04 잠수할 수 있다.

생각 키우기

거북선은 **몸은 거북 모양에 용머리를 한 싸움배**예요. 거북선 등에는 쇠못과 작은 칼이 촘촘히 박혀 있어요. 그래서 적들이 배에 뛰어오를 수 없었지요. 입과 몸 양옆에서는 총을 쏠 수 있었고요. 거북선은 **철판으로 덮여** 있어 일본 배와 부딪쳐도 멀쩡했답니다. 그러니 적이 벌벌 떨 수밖에 없었지요.

정답 ❹

GUESS 04

외국 – 독일
[1770년~1827년]

누구일가요?

- **첫 번째 힌트** ★ 독일 사람이에요.
- **두 번째 힌트** ★ 피아노를 잘 쳐요.
- **세 번째 힌트** ★ 귓병을 앓고 소리를 못 듣게 되었죠.
- **네 번째 힌트** ★ 위대한 작곡가예요.
- **다섯 번째 힌트** ★ 교향곡을 작곡했어요.

결정적 힌트 "빰빰빰빠~ ○○○의 운명 교향곡"

작곡가

베

↓

ㅂ ㅌ ㅂ

- ● 태어난 곳 : 독일 본
- ● 대표 작품 : 교향곡 〈영웅〉, 〈운명〉, 〈전원〉, 〈합창〉, 그 외 피아노 소나타, 피아노 협주곡 등

31

베토벤

위대한 음악 작품을 남긴 작곡가
베토벤
루드비히 판 베토벤

나는 독일의 **작곡가** 베토벤이야.

네 살 때부터 **피아노**를 배우기 시작했지.

아버지는 나의 재능을 알아보고, 모차르트처럼 유명하게 키우고 싶어 하셨단다. 나 역시 훌륭한 음악가가 되고 싶어서 열심히 공부했지.

내 실력은 꾸준히 늘었고 **연주회**는 큰 성공을 거두었어.

그런데 이게 웬일이야! 글쎄 스물여섯 살 때부터 조금씩 **귀가 안 들리는** 거야. 그러다 몇 년 뒤에는 아예 아무 소리도 들리지 않았어.

나는 한동안 슬픔에 빠져 지냈어. 그러나 곧 마음을 다잡고 더욱 열심히 작곡*했지.

그 덕분에 세계 수많은 사람이 한결같이 사랑해 주는 음악 작품을 많이 남길 수 있었단다.

* **작곡** : 음악을 만드는 일.

음악가가 소리를 못 듣는다고?

"다니엘과 베토벤이 겨루면 누가 피아노를 더 잘 칠까?"

사람들의 말에 다니엘은 베토벤에게 내기를 제안했어요. 그러고는 자기가 먼저 연주했어요.

사람들은 "역시 다니엘이야!"라며 손뼉을 쳤어요.

베토벤은 다니엘이 보고 친 악보를 뒤에서부터 거꾸로 치기 시작했어요. 그러자 신기하게도 아주 새로운 음악이 되었어요. 사람들은 베토벤의 뛰어난 연주에 입을 다물지 못했어요. 다니엘도 무척 놀랐지요.

네 살 때부터 피아노를 치기 시작한 베토벤은 연주 솜씨가 대단했어요. 그런데 스물여섯 살이 되던 해부터 귀가 안 들리기 시작했지요.

음악가가 소리를 듣지 못하다니! 베토벤은 슬픔에 빠졌어요. 그러나 음악을 포기할 수는 없었지요.

베토벤은 장애를 무릅쓰고 작곡에 열중했어요.

전 세계인의 뜨거운 사랑을 받는 교향곡* 〈영웅〉, 〈전원〉, 〈합창〉은 모두 귀가 먼 다음에 작곡한 곡이랍니다.

*교향곡 : 여러 악기로 연주하는 음악을 위해 만든 곡.

베토벤은 연주자이자 작곡가예요. 베토벤과 직업이 다른 사람은 **누구일까요?**

01 배트맨

02 모차르트

03 하이든

04 슈베르트

생각 키우기

베토벤은 9곡의 교향곡, 32곡의 피아노 소나타, 5곡의 피아노 협주곡 등 **많은 작품을 남긴 음악가**예요. 그중에서도 피아노 소나타 〈월광〉, 〈비창〉, 교향곡 〈영웅〉, 〈전원〉, 〈합창〉이 널리 알려져 있지요. **슈베르트**는 '가곡의 왕'으로 불리며, **하이든**은 '교향곡의 아버지'라 불리는 작곡가죠. **모차르트**는 천재 음악가로 유명하답니다.

정답 ❶

한국 - 조선
[1546년~1615년]

GUESS 05

누구일까요?

- **첫 번째 힌트** ★ 조선 시대 **의원**이에요.
- **두 번째 힌트** ★ **양반이 아니라** 벼슬에 나갈 수 없었죠.
- **세 번째 힌트** ★ 끊임없는 노력으로 **의술**을 익혔어요.
- **네 번째 힌트** ★ 한국 사람에게 맞는 **약과 치료법** 발견!
- **다섯 번째 힌트** ★ 임금을 진료하는 어의가 되었어요.

결정적 힌트 "『동의보감』을 지었어요."

의원, 의학자

허
↓
ㅎ ㅈ

● 태어난 곳 : 서울 강서구 가양동
● 남긴 책 : 『동의보감』, 『찬도방론맥결집성』, 『두창집요』 등

허 준

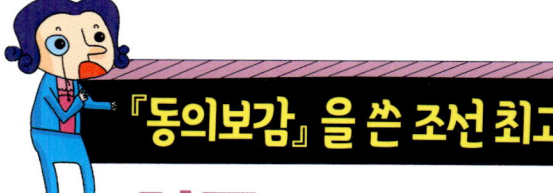

『동의보감』을 쓴 조선 최고 의학자
허준

나는 조선 시대 의사야. 그땐 '의원'이라고 불렀지.

나에게 환자는 돈이 있든 없든 다 똑같았단다. 그저 병이 낫도록 정성껏 돌봐 주는 게 의원이 할 일이라고 생각했으니까. 나는 언제나 더 나은 치료법을 찾으려고 애썼어. 그런데 의학책들이 모두 중국에서 온 것이라 우리나라 사람에게 맞지 않았지.

'우리나라 사람들은 우리 땅에서 나는 약초를 써야 해. 사는 곳에 따라 체질*이 다르고, 병도 다르니 당연히 약 짓는 방법도 달라야지.'

나는 오랫동안 우리나라에서 나오는 약초와 질병을 연구하고 정리해 책으로 만들었어.

그 책이 바로 『동의보감』이야. 지금도 한의학에서 가장 뛰어나다고 손꼽히는 책이란다.

*체질 : 몸의 성질을 가리키는 말.

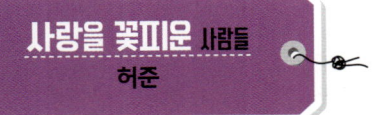

시험을 볼 것이냐, 환자를 볼 것이냐

 허준이 내의원* 시험을 보기 위해 한양으로 가는 길이었어요. 어떤 주막에서 쉬는데 한 젊은이가 찾아왔어요.
 "의원님, 제발 저희 어머니 좀 살려 주세요."
 허준은 젊은이를 따라가 환자를 정성껏 치료해 주었어요. 그러고 나서 서둘러 길을 떠나려는데 사람들이 몰려와 매달리지 뭐예요. 의술이 뛰어난 의원이 돈 한 푼 받지 않고 치료해 준다는 소문이 퍼졌던 거예요.
 허준은 당황했어요. 빨리 떠나지 않으면 시험 시간에 맞출 수가 없었거든요. 내의원 시험은 자주 있지 않아서 언제 또다시 기회가 올지 모르는 일이었어요.
 "의원님!"

마을 사람들의 부탁에 허준은 시험을 포기하고 말았어요.
'그래, 나는 의원이야. 의원이 환자를 두고 어딜 간단 말인가!'
이렇게 아픈 사람을 먼저 생각한 허준은 나중에 내의원에 서도 가장 높은 어의 자리에까지 올랐답니다.

*내의원 : 조선 시대에 임금의 약을 만들던 곳.

허준은 병을 잘 치료하고 의학책도 썼어요. 허준이 쓴 책은 어느 것일까요?

01 허준만세

02 동의보감

03 만병통치

04 동네 병원

생각 키우기

허준이 16년에 걸쳐 쓴 『동의보감』은 한의학에서는 백과사전과 같은 책이랍니다. 중국과 우리나라에 있던 의학책을 모두 모아 정리하고, 틀린 것은 바로잡아 만들었지요. 특히 우리나라 사람들에게 맞는 약과 치료법을 정리해 넣었어요. 『동의보감』은 25권으로 몇백 년이 지난 지금까지도 한의학에서 가장 뛰어난 책으로 인정받고 있답니다.

정답 ❷

GUESS 06

외국 - 스웨덴
[1833년~1896년]

누구일가요?

- **첫 번째 힌트** ★ **스웨덴** 사람이에요.
- **두 번째 힌트** ★ **전쟁**을 싫어했어요.
- **세 번째 힌트** ★ **발명가**예요.
- **네 번째 힌트** ★ **폭약**을 **연구**했어요.
- **다섯 번째 힌트** ★ **다이너마이트를 만들었지요.**

결정적 힌트 "이름을 딴 상이 있어요."

화학자, 발명가

노
ㄴㅂ

● 태어난 곳 : 스웨덴 스톡홀름
● 업적 : 뇌관과 다이너마이트 발명, 노벨상을 만듦.

노벨

인류를 위해 노벨상을 만든 발명가
노벨
알프레드 노벨

나는 다이너마이트를 만든 발명가 노벨이야.

아버지는 폭약* 만드는 공장을 하셨지. 그래서 우리 형제는 아버지를 도와 폭약을 만들었어. 폭약은 길을 만들고, 건물을 짓는 데 꼭 필요했어. 그러나 액체로 된 폭약은 안전하지 못해 많은 사고를 일으켰단다.

나는 수많은 실험 끝에 고체로 된 폭약인 다이너마이트를 만들어 냈어. 강력하면서도 안전한 다이너마이트로 돈도 많이 벌었지. 하지만 다이너마이트가 전쟁 무기로 쓰인 뒤부터는 너무 괴로웠단다.

전쟁을 싫어한 내가 만든 발명품이 무기가 되다니! 나는 다이너마이트로 모은 재산을 좋은 곳에 쓰려고 노벨상을 만들었단다.

* **폭약** : 불을 일으키며 갑자기 터지는 물질.

과학을 빛낸 사람들
노벨

내가 무기를 만들었다고?

"아, 내 발명품이 무기가 될 줄이야……."

노벨은 너무 괴로웠어요. 자기가 만든 다이너마이트가 전쟁에 쓰이면서 많은 사람이 죽었거든요.

다이너마이트는 이전에 만들어진 다른 폭약보다 훨씬 강력했어요. 그래서 아주 무서운 무기가 되었지요.

"이런 몹쓸 것을 만들어 돈을 벌다니!"

다이너마이트를 발명한 노벨을 '죽음의 상인'이라고 부르는 사람들도 있었어요.

"그럴 생각이 아니었어. 그러려고 다이너마이트를 만든 게 아닌데……."

폭약은 생활을 편리하게 발전시키는 데 필요했어요.

그런데 액체 폭약은 조금만 잘못 건드려도 쉽게 터져 버렸지요. 그래서 안전한 고체 폭약을 만든 것이었어요.

자기 뜻과 다르게 다이너마이트가 무기로 쓰이자 노벨은 가진 돈을 모두 사회에 내놓았어요.

"인류를 위해 일한 사람들에게 나눠 주시오."

노벨의 유언*에 따라 노벨상이 생겼답니다.

*유언 : 죽기 전에 남기는 말.

다음 중 노벨상을 받지 못한 사람은 누구일까요?

01 마리 퀴리

02 김대중 대통령

03 해리 포터

04 간디

생각 키우기

노벨상은 **노벨의 유언에 따라 '지난해 인류를 위해 가장 큰 공헌을 한 사람'에게 주는 상**이에요. 1901년부터 물리학, 화학, 생리학 및 의학, 문학, 평화 부문에 상을 주었어요. 1969년부터는 경제학도 더해서 모두 여섯 부문에 상을 주고 있지요. **마리 퀴리는 노벨 물리학상과 노벨 화학상을, 김대중 대통령과 간디는 노벨 평화상을 받았답니다.**

정답 ❸

GUESS 07

누구 일까요?

한국 - 고구려
[374년~413년]

첫 번째 힌트	★ 고구려 사람이에요.
두 번째 힌트	★ 열여덟 살에 임금이 되었지요.
세 번째 힌트	★ 많은 전쟁을 했어요.
네 번째 힌트	★ 고구려 땅을 넓혔지요.
다섯 번째 힌트	★ 고구려를 강한 나라로 만들었어요.

 결정적 힌트 "땅을 넓힌 왕이라 ○○○ 대왕!"

고구려 19대 임금

광

ㄱㄱㅌㄷㅇ

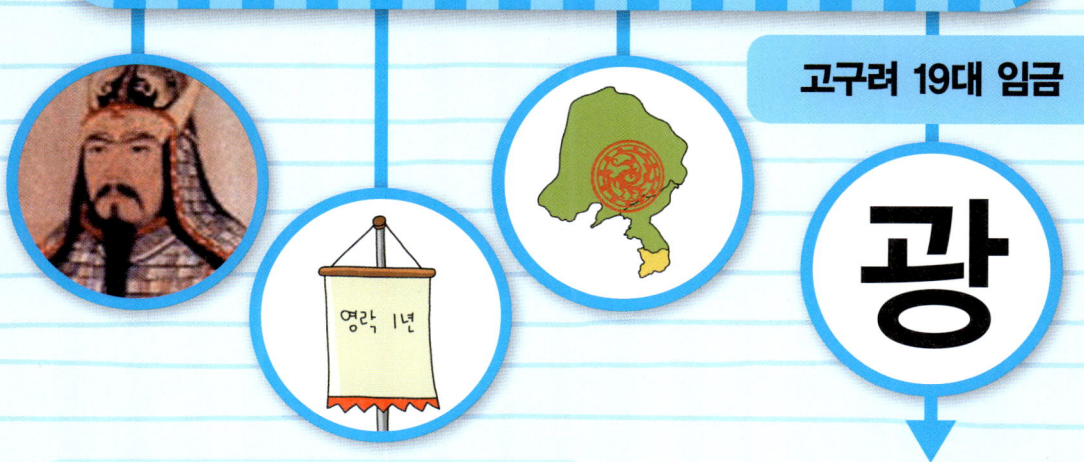

● 태어난 곳 : 고구려
● 특징 : 나라 땅을 넓힘, 처음으로 고유의 연호를 사용.

광개토 대왕

고구려 땅을 넓힌 왕 중의 왕
광개토 대왕

우리나라 땅은 어디까지일까?

지금은 **압록강과 두만강**이 있는 곳까지 우리나라 땅이야. 하지만 예전에는 훨씬 위쪽까지 우리나라 땅이었단다. 내가 넓혀 놓았거든. 그래서 내 이름 광개토 대왕에는 '**땅을 넓힌 왕**'이라는 뜻이 담겨 있지.

나는 열여덟 살에 고구려 임금이 되었어. 나이는 어렸지만, 나라와 백성을 생각하는 마음은 조금도 어리지 않았단다.

나는 살기 좋고 강한 나라를 만들고자 많은 노력을 기울였어. 중국을 따르지 않고 **고구려만의 연호***를 당당하게 썼는가 하면, 다른 나라와 전쟁도 많이 치렀는데 모두 승리했어.

나의 지혜와 용기로 고구려는 **안정**되고 **힘센 나라**로 우뚝 설 수 있었던 거야.

* **연호** : 임금이 다스리는 연도 앞에 붙이는 이름.
(영락 1년 = 광개토 대왕이 임금이 된 첫 해, 391년)

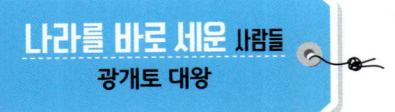

나라를 바로 세운 사람들
광개토 대왕

우와, 그 넓은 땅이 모두 고구려 땅이라고?

'수많은 백성과 나라의 앞날이 나에게 달렸어.'

임금 자리에 오른 광개토 대왕은 자기가 해야 할 일이 무엇인지 잘 알고 있었어요.

광개토 대왕은 먼저 '영락'이라는 연호를 지었어요. 그때까지 고구려는 중국의 연호를 따라 썼거든요.

'고구려는 중국의 신하 나라가 아니야. 우리는 우리 연호를 써야지.'

그런 다음에는 백제와 전쟁을 치렀어요. 광개토 대왕이 이끄는 고구려군은 며칠 만에 백제의 성을 10개나 차지했지요.

"고작 열여덟 나이로 임금 자리에 올라 만만하게 봤더니……."

백제 사람들은 모두 광개토 대왕의 패기*에 놀랐어요.
그 뒤에도 광개토 대왕은 여러 전쟁에서 이겨 나라의 땅을 크게 넓혔어요. 그러는 한편, 정치에도 힘을 기울여 나라의 질서를 바로잡고 백성을 잘 다스렸지요. 그리하여 광개토 대왕은 위대한 왕으로 손꼽히고 있답니다.

*패기 : 어떤 어려운 일이라도 이겨 내려는 정신.

광개토 대왕이 죽은 뒤 아들 장수왕이 아버지의 업적을 기리기 위해 한 일은 **무엇일까요?**

01 아버지를 기리는 노래를 만들었다.

02 아버지가 넓혀 놓은 땅을 비싸게 팔았다.

03 아버지의 업적을 쓴 비석을 세웠다.

04 날마다 엉엉 울기만 했다.

생각 키우기

장수왕은 아버지 광개토 대왕의 업적을 기리기 위해 '광개토 대왕릉비'를 세웠어요.
광개토 대왕릉비에는 고구려가 어떻게 만들어졌는지, 광개토 대왕이 어떻게 나라를 다스리고, 얼마나 넓은 땅을 개척했는지 자세하게 적혀 있어요. 414년에 세워진 광개토 대왕릉비는 높이 6.39미터로, 예전에 고구려의 수도였던 국내성 국강상에 세워져 있답니다.

정답 ❸

GUESS 08

외국 - 인도
[1869년~1948년]

누구일까요?

첫 번째 힌트	★ **인도** 사람이에요.
두 번째 힌트	★ 쇠고기를 먹지 않는 **힌두교** 인이에요.
세 번째 힌트	★ **변호사**였어요.
네 번째 힌트	★ **물레**를 돌려 옷을 만들어 입었어요.
다섯 번째 힌트	★ **인도 독립운동가**예요.

결정적 힌트 "폭력은 안 됩니다!"

독립운동가, 변호사

간
↓
ㄱㄷ

● **태어난 곳** : 인도 구자라트 포르반다르
● **특징** : 폭력을 쓰지 않는 독립운동을 펼침.

간디

인도의 비폭력 독립운동 지도자
간디
모한다스 간디

인도라는 나라를 아니?

나는 인도의 독립을 이끈 **비폭력 독립운동가**야.

비폭력이란 힘으로 싸우지 않는다는 말이지. 우리는 영국에 빼앗긴 나라를 되찾고자 영국 물건을 쓰지 않고, 영국이 세운 학교나 회사에도 나가지 않았어.

나부터 내 손으로 **물레**를 돌려 실을 뽑아 옷을 직접 만들어 입었단다. 그러자 많은 사람이 내 뜻을 따랐지.

화가 난 영국은 우리를 **협박***하며 총을 쏘아 댔어. 그래도 우리는 끝까지 폭력을 쓰지 않고 버텼단다. 폭력은 또 다른 폭력을 부를 뿐 문제를 해결하지는 못하니까.

그렇게 비폭력 운동으로 마침내 독립을 이루어 냈단다. 사람들은 나를 '**위대한 영혼**, 마하트마 간디'라 불러 주더구나.

* **협박** : 남에게 어떤 일을 하도록 겁을 주는 일.

용기로 뜻을 이룬 사람들
간디

피부색이 다른 게 죄라고?

간디가 변호사가 되어 남아프리카에 살았을 때 일이에요.

하루는 간디가 기차 일등칸에 앉아 있는데 역무원*이 오더니 소리쳤어요.

"얼른 짐칸으로 옮겨!"

간디는 일등칸 차표를 내보이며 말했어요.

"여기가 내 자린데요? 나는 돈을 내고 표를 끊었습니다."

그러나 역무원은 차표는 보지도 않고 막무가내로 간디를 끌어내려 했어요. 간디가 버티자 경찰을 불렀어요.

경찰은 간디의 표를 보고도 간디를 기차 밖으로 내쫓아 버렸어요. 나중에 알고 보니 남아프리카에 사는 인도 사람들은 피부색이 다르다는 이유로 모두 그렇게 차별을 받고 있었던 거예요.

"사람은 피부색에 상관없이 똑같이 존중받아야 합니다. 잘못된 법은 바꾸어야 합니다."

간디는 인종 차별을 없애려고 끊임없이 노력했어요. 그리고 인도에 돌아와서는 인도의 독립을 위해 비폭력 독립 운동을 펼쳤답니다.

* **역무원** : 철도역에서 일을 맡아 보는 사람.

간디는 여러 차례 감옥에 갇혔어요.
왜 그랬을까요?

01 도둑질을 해서

02 일하기 싫어 제 발로 들어갔다.

03 인도의 독립운동을 해서

04 먹으면 안 되는 고기를 먹어서

생각 키우기

간디는 남아프리카에서 249일, 인도에서 2,089일 동안 감옥에 갇혀 지냈어요. **남아프리카에서는 백인의 인종 차별에 맞서 싸우고, 인도에서는 인도의 독립운동을 펼치다가 감옥에 갇혔지요.** 간디는 평생 한 번도 폭력을 쓰지 않았어요. 영국법을 어기고, 단식 투쟁을 하는 방법으로 싸웠지요. 이를 비폭력 저항 운동이라고 한답니다.

정답 ❸

GUESS 09

한국 - 신라
[알려지지 않음~647년]

누구일까요?

첫 번째 힌트	★ **신라 시대** 사람이에요.
두 번째 힌트	★ **진평왕의 딸**이지요.
세 번째 힌트	★ 어려서부터 무척 **지혜**로웠어요.
네 번째 힌트	★ **첨성대**를 세웠어요.
다섯 번째 힌트	★ "이 모란꽃은 향기가 없을 것이오."

결정적 힌트 "우리나라 첫 여왕"

신라 27대 임금

선
↓
ㅅㄷㅇㅇ

● 업적 : 첨성대 · 분황사 · 영묘사 · 황룡사 9층탑 등을 세우고, 신라 문화를 발전시킴.

선덕 여왕

선덕 여왕

나는 우리나라 **첫 여왕**이란다.

내 아버지는 진평왕인데 아들이 없었어. 다행히 내가 지혜로워 아버지는 나에게 임금 자리를 물려주셨단다. 물론 **반대**하는 신하가 많았지. 여자가 임금 자리에 앉은 적이 없었으니까.

나는 여자도 **임금 역할**을 잘 해낼 수 있다는 것을 보여 줘야 했어. 하지만 **고구려**, **백제**, **신라**가 끊임없이 싸우던 때라 나라를 지키고 바르게 다스리기란 쉽지 않았지.

그러나 용감한 장군, **김유신**의 도움으로 신라는 나라의 힘을 더욱 키울 수 있었단다. 그뿐만 아니라, **첨성대***를 세우는 등 문화도 많이 발전시켰어.

이 때문에 나는 신라를 굳건하게 지키고 **문화를 발전**시킨 여왕으로 칭송받는단다.

---

* **첨성대** : 하늘의 움직임을 관찰할 수 있도록 만든 시설.

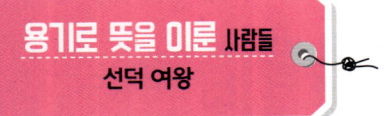

꽃에 향기가 없다고?

"당나라 태종이 보낸 선물입니다."

어느 날 신하가 선덕 여왕에게 모란꽃 그림과 꽃씨를 올렸어요.

그림을 들여다본 선덕 여왕은 조용히 말했지요.

"이 꽃에는 향기가 없겠구나."

"아니, 그림만 보고 어찌 아십니까?"

신하들의 말에 선덕 여왕은 꽃씨를 심어 보라 일렀답니다. 꽃씨가 자라 아름다운 모란꽃이 피었어요. 그런데 선덕 여왕의 말대로 꽃에서 정말 향기가 나지 않았어요.

"꽃 그림에 나비가 없어 향기가 없을 거로 생각한 거라오."

선덕 여왕의 지혜에 신하들이 혀를 내둘렀어요.

선덕 여왕은 개구리 울음소리만 듣고도 백제 군사들이 숨어 있는 곳을 알아내기도 했어요.
 이처럼 선덕 여왕은 남다른 지혜로 나라를 잘 다스렸답니다.

우리나라에는 여왕이 세 명 있었어요. 여왕이 아닌 사람은 누구일까요?

01 선덕 여왕

02 진덕 여왕

03 진성 여왕

04 진짜 여왕

생각 키우기

우리나라에는 여왕이 세 명 있었어요. 맨 처음 여왕이 선덕 여왕이에요. **선덕 여왕은 신라 27대 임금**으로 632년에 임금 자리에 올라 16년 동안 나라를 다스렸어요. **진덕 여왕은 28대 임금**으로 선덕 여왕의 사촌 동생이지요. 그 뒤로 여왕이 없다가 **51대에 진성 여왕**이 나왔어요. 여왕들은 모두 나라와 백성을 위해 바른 정치를 펼치고자 애썼답니다.

GUESS 10

한국 - 일제 강점기
[1902년~1920년]

누구일까요?

첫 번째 힌트	★ **천안**에서 태어났어요.
두 번째 힌트	★ **이화학당**에 다녔지요.
세 번째 힌트	★ 고문을 당해 **열아홉 살**에 죽었어요.
네 번째 힌트	★ **아우내 장터**에서 **만세**를 불렀어요.
다섯 번째 힌트	★ **3.1운동**에 참여했어요.

결정적 힌트: "대한 독립 만세!"

독립운동가

유
↓
ㅇㄱㅅ

● 태어난 곳 : 충남 천안 병천
● 특징 : 독립운동을 하다 열아홉 살의 어린 나이로 세상을 떠남.

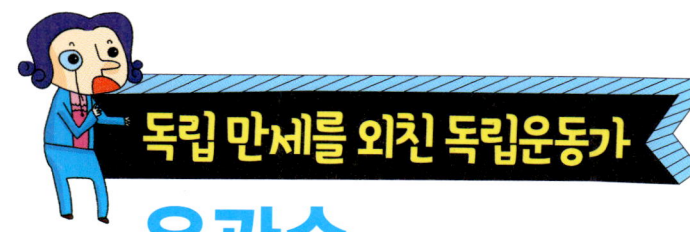

유관순

나라가 없으면 어떻게 될까?

나라는 비바람을 막아 주는 집과 같단다.

나라가 없으면 온갖 어려움을 겪게 돼. 일본이 우리나라를 빼앗았을 때도 그랬단다. 그래서 나는 나라를 되찾고자 독립을 외치는 만세 운동을 벌였어.

1919년 3월 1일, 나는 친구들과 함께 거리로 나가 만세를 외쳤지.

"대한 독립 만세! 대한 독립 만세!"

나는 고향으로 돌아와서도 만세 운동을 벌였어. 그러다 일본 헌병들에게 잡혀갔지. 감옥에 갇혀서도 나는 목이 터져라 독립 만세를 외쳤단다. 그러다 모진 고문*을 받아 끝내 숨을 거두고 말았어. 내 죽음은 독립운동의 불씨가 되었고, 마침내 우리는 독립을 이루었단다.

*고문 : 숨기고 있는 사실을 알아내려고 몸과 마음에 고통을 주는 일.

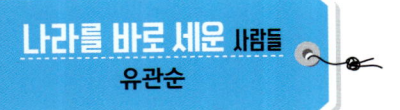
나라를 바로 세운 사람들
유관순

온 나라가 감옥이라고?

유관순이 아우내 장터*에서 만세 운동을 벌이다 붙잡혔을 때 일이에요.

"어린 네가 이런 일을 혼자 벌였을 리가 없다. 누가 너에게 이런 일을 시켰는지 당장 대라!"

일본 경찰이 따지며 물었어요.

"내가 혼자서 한 일이다. 대한 사람이 대한 독립을 외치는데 나이가 무슨 상관이냐!"

유관순은 당당하게 대답했어요. 그러나 일본 경찰은 믿지 않았어요.

"감옥살이하지 않으려면 어서 사실대로 말해라!"

일본 경찰이 협박하자 유관순은 소리 높여 말했어요.

* 아우내 장터 : 충남 천안 병천에 있는 곳.

"나라를 빼앗긴 지금 어찌 감옥이 따로 있겠느냐! 너희가 물러가지 않는 한, 온 나라가 감옥이다."

일본 경찰은 모진 고문으로 유관순을 괴롭혔어요. 하지만 유관순은 뜻을 굽히지 않고 감옥에서도 소리 높여 독립 만세를 불렀어요. 목숨이 끊기는 순간까지요.

유관순은 나라를 되찾으려고 독립을 외치다가 열아홉 살 어린 나이로 세상을 떠났답니다.

유관순은 태극기를 그려 사람들에게 나눠 주었어요.
오늘날 쓰는 태극기는 **어떤 것일까요?**

❶

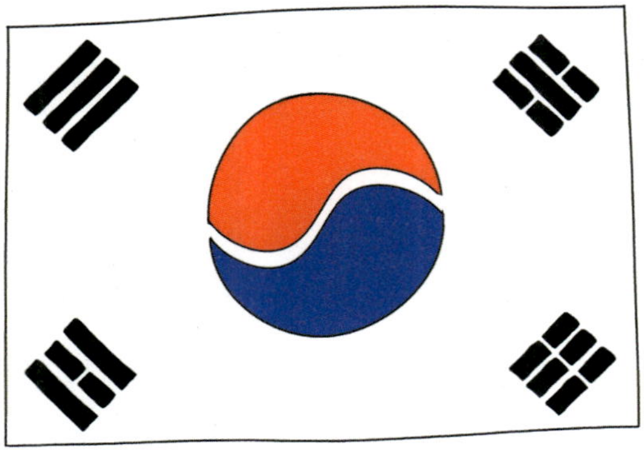

❷

❸

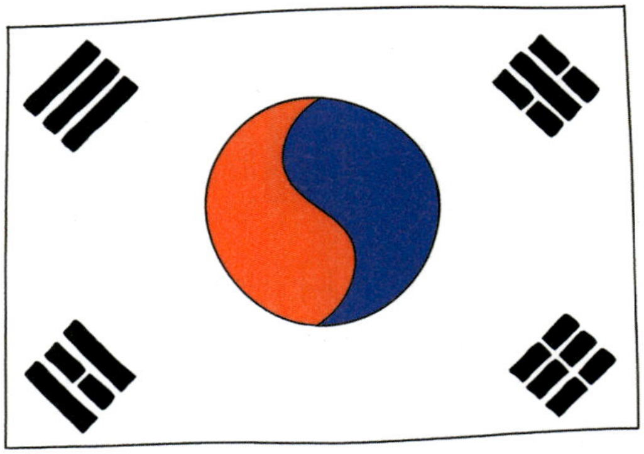

❹

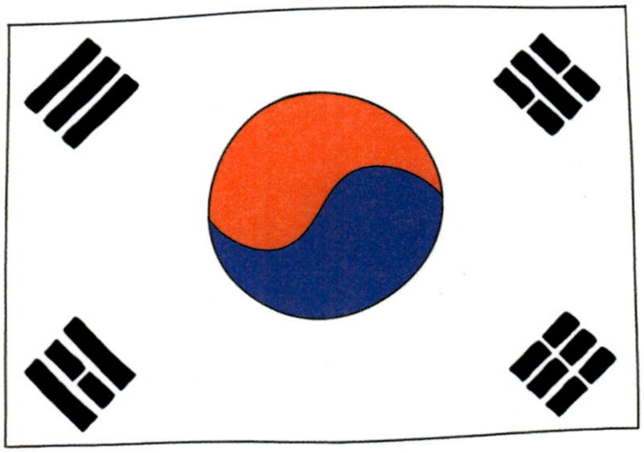

생각 키우기

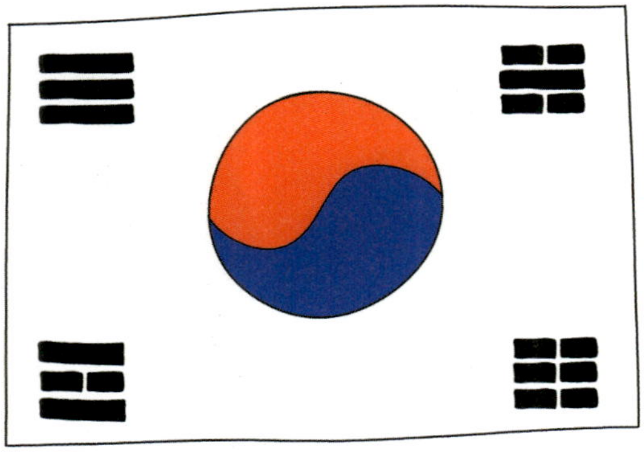

태극기는 **흰색 바탕에 태극무늬와 4괘로 이루어져** 있어요. 태극기의 흰색 바탕은 밝음과 순수를, 가운데 그려진 태극 문양은 음(파랑)과 양(빨강)의 조화를 상징해요. 네 모서리에 그려진 건곤감리(乾坤坎離)의 4괘는 각각 하늘, 땅, 물, 불을 상징합니다.

정답 ❹

GUESS 11

한국 - 조선
[태어나고 죽은 날이 알려지지 않음]

누구일까요?

첫 번째 힌트	★ **조선 시대** 사람이에요.
두 번째 힌트	★ 세종 대왕 때의 **과학자**예요.
세 번째 힌트	★ **신분이 낮아** 벼슬에 오를 수 없었어요.
네 번째 힌트	★ **재주가 뛰어나** 벼슬을 얻었어요.
다섯 번째 힌트	★ **측우기, 해시계, 물시계**를 만들었어요.

결정적 힌트 "우리나라 으뜸 발명왕"

과학기술자

장

ㅈㅇㅅ

● 업적 : 측우기, 자격루, 금속활자 등 많은 발명품을 만들어 과학기술 발전에 큰 공을 세움.

73

장영실

조선 시대의 최고 과학자
장영실

나는 조선 시대의 과학기술자야.

부모가 신분이 낮은 노비라서 나도 노비로 자랐어.

하지만 타고난 영리함과 남다른 손재주로 무엇이든 고치고, 새로 만드는 일을 잘했단다. 한번은 비가 안 와 농사를 망칠 뻔한 적이 있었어.

"강물을 끌어서 가져오면 되잖아요!"

내 말에 다들 혀를 끌끌 찼어.

"그 먼 데 있는 강물을 어떻게 끌어온단 말이냐!"

나는 수차*로 물을 퍼 올리고, 물길을 만들어 강물을 우리 마을까지 끌어왔단다. 이 이야기를 들은 세종 대왕께서 벼슬을 내려 주셨어. 나는 정말 열심히 일했어.

내가 만든 측우기, 물시계, 해시계, 금속활자는 우리나라 과학 발전에 큰 밑거름이 되었단다.

* 수차 : 물을 길어 올리는 기구.

과학을 빛낸 사람들
장영실

빗물 받는 그릇도 발명품이라고?

조선 시대에 노비는 벼슬에 오를 수 없었어요. 하지만 장영실은 뛰어난 능력을 인정받아 벼슬을 얻었답니다. 장영실은 못 만드는 게 없었어요.

"비가 언제 얼마나 올지 알면 농사짓는 데 큰 도움이 될 텐데……."

세종 대왕의 말을 들은 장영실은 별의 움직임을 관찰하는 기구인 혼천의를 만들었어요. 그리고 측우기도 만들었지요. 측우기는 비가 내린 양을 재는 기구예요. 둥근 통에 자가 새겨져 있어서 비가 내린 양을 정확히 알 수 있어요.

장영실이 만든 혼천의와 측우기는 홍수와 가뭄의 피해를

줄일 수 있게 해 주었지요.

 이 밖에도 장영실은 해시계, 물시계, 별시계와 같은 여러 가지 시계를 만들었어요. 또 백성에게 도움을 주는 책을 좀 더 쉽게 많이 만들 수 있는 금속활자*도 만들었지요. 장영실이 남긴 발명품은 오늘날까지 우리나라의 자랑이 되고 있답니다.

***금속활자** : 납이나 구리 등의 금속으로 만든 글자로, 종이에 글자를 찍을 때 쓰임.

장영실은 많은 발명품을 만들었어요. 장영실의 발명품이 아닌 것은 무엇일까요?

01 물시계(자격루)

02 해시계(앙부일구)

03 측우기

04 벽시계

생각 키우기

장영실은 노비로 태어나 아무에게도 가르침을 받은 적이 없어요. 그저 혼자 생각하고, 뜯어 보고, 고쳐 보면서 하나하나 깨우쳤어요. 어려서부터 남다른 재주를 보였던 장영실은 그 능력을 인정받아 벼슬길에 올랐고, **우리나라 과학 역사를 빛내는 수많은 발명품**을 만들었어요. 그것이 모두 백성을 위한 것이어서 그 뜻이 더욱 깊답니다.

정답 ❹

한국 – 고구려
[기원전 58년~19년]

GUESS 12

누구일까요?

첫 번째 힌트	★ 아버지는 **해모수**예요.
두 번째 힌트	★ 어머니는 **유화**고요.
세 번째 힌트	★ **알**에서 태어났어요.
네 번째 힌트	★ '**동명 성왕**'이라고 불려요.
다섯 번째 힌트	★ 활 잘 쏘는 사람을 '주몽'이라 불러요.

결정적 힌트 "고구려를 세웠어요."

고구려의 첫 임금

주

↓

ㅈ ㅁ

● 태어난 곳 : 동부여   ● 업적 : 고구려를 세움.

주몽

주몽

사람이 알에서 태어났다는 말 들어 보았니?

나는 신기하게도 알에서 태어났단다.

내 아버지는 하느님의 아들 해모수인데 어머니 유화와 결혼하고 나서 하늘로 혼자 올라가 버렸어. 할 수 없이 홀로 남은 어머니는 금와왕의 도움으로 동부여에 살았지. 그리고 거기에서 나를 낳았어.

나는 어려서부터 활을 아주 잘 쏘았어. 그래서 사람들은 날 '주몽'이라고 불렀지. 그때는 활 잘 쏘는 사람을 주몽이라 불렀거든.

나는 나를 해치려는 무리를 피해 졸본* 땅으로 갔어. 그곳에 고구려를 세우고 임금이 되었지.

내가 죽은 뒤에 내 아들 유리는 나에게 '동명 성왕'이라는 이름을 붙여 주었단다.

*졸본 : 동명 성왕이 고구려를 세운 곳으로 알려져 있음.

나라를 바로 세운 사람들
주몽

물고기와 자라가 다리를 만들었다고?

금와왕의 아들들은 주몽을 못마땅하게 여겨서 죽이려 들었어요. 주몽은 서둘러 도망쳤지요.

"주몽을 잡아라! 살려 두면 안 된다!"

금와왕의 큰아들 대소는 군사를 풀어 주몽을 뒤쫓았어요. 그런데 이걸 어째요?

주몽 앞에 커다란 강이 가로놓였어요. 군사들은 가까이 다가오는데 강을 건널 배가 없지 뭐예요.

주몽은 강물을 보고 소리쳤어요.

"나는 해모수의 아들이요, 물의 신 하백의 손자다! 강을 건널 수 있게 도와다오!"

그러자 물고기와 자라가 나타나 한 줄로 늘어서며 다리

를 만들었어요. 주몽이 강을 건너자 물고기와 자라는 사라졌어요. 대소의 군사들은 강을 건널 수 없었죠.

　무사히 탈출한 주몽은 졸본 땅에 나라를 세우고 이름을 고구려라 했어요.

　그 뒤, 주위의 여러 나라를 정복*해 나라의 틀을 단단하게 다져 나갔지요. 고구려는 힘센 나라가 되었답니다.

*정복 : 남의 나라를 무찌르는 일.

유리는 주몽의 아들이에요. 동부여를 떠난 주몽을 찾기 위해 유리가 한 일이 아닌 것은 무엇일까요?

01 아버지가 남긴 수수께끼를 풀었다.

02 신문 광고를 냈다.

03 증표인 부러진 칼을 찾았다.

04 고구려로 갔다.

생각 키우기

유리는 주몽의 아들이에요. **주몽은 아들 유리가 태어나기 전에 동부여를 떠나면서 수수께끼를 남겼어요.** '일곱 고개 일곱 골짜기에 있는 돌 위 소나무 아래에 묻힌 물건을 찾아라.'라는 거였지요. '일곱 고개 일곱 골짜기'는 '일곱 모가 난 주춧돌'을 가리키는 말이었어요. 유리는 **수수께끼를 풀고 부러진 칼을 찾아 고구려로 가서 아버지를 만났답니다.**

정답 ❷

GUESS 13

한국 - 조선
[1504년~1551년]

누구일가요?

첫 번째 힌트	★ **조선 시대** 사람이에요.
두 번째 힌트	★ **오죽헌**에서 태어났어요.
세 번째 힌트	★ **그림**을 잘 그렸어요.
네 번째 힌트	★ 이름난 학자 **이이의 어머니**예요.
다섯 번째 힌트	★ **조선 최고의 예술가**예요.

결정적 힌트 "우리나라 대표 어머니"

예술가

신

ㅅㅏㅇㄷ

- **태어난 곳** : 강원도 강릉
- **업적** : 그림으로는 〈월하고주도〉, 〈초충도〉, 〈자리도〉 등,
시로는 〈유대관령망친정〉, 〈사친〉 등을 남김.

신사임당

조선 최고의 예술가이자 어머니
신사임당

　나는 시를 잘 짓고 그림을 잘 그리는 예술가란다.
　흔히 나를 '신사임당'이라고 부르는데, 사임당은 내가 지은 이름(호)이야. 옛날 중국 문왕의 어머니 이름이 태임이었는데, 그분을 본받고 싶어서 한자로 '태임을 본받다.'라는 뜻을 담아 지었지.
　예전에는 차별이 심해서 신분이 낮은 사람이나 여자들은 공부하기 어려웠단다. 다행히 나는 어머니의 도움으로 어려서부터 책을 많이 읽었어. 그 덕분에 일찍부터 시와 그림에 재능을 보일 수 있었지.
　나는 아들 넷과 딸 셋을 낳아 키웠는데 모두 올곧게 자라 주었어. 그 가운데 셋째 아들 이이는 뛰어난 학자가 되었지. 사람들은 나를 뛰어난 예술가이자 현명한 아내, 자애로운 어머니라고 칭찬해 준단다.

*호 : 본디 이름 이외에 허물없이 쓰기 위해 지은 이름.

문화를 이끈 사람들
신사임당

닭이 속았군, 속았어!

신사임당이 어렸을 때 일이에요.

하루는 신사임당이 마루에 나와 빨간 열매가 주렁주렁 달린 꽈리나무를 그렸어요. 그런데 수탉* 한 마리가 그림을 마구 쪼아 대는 게 아니겠어요?

"어머, 안 돼! 저리 가!"

신사임당은 발을 쾅쾅 구르고 손을 내저어 수탉을 쫓아냈어요. 그러나 그림은 이미 엉망이 되어 있었어요. 신사임당이 속상해 울고 있는데 아버지가 와서 물었어요.

"아니, 무슨 일인데 그리 서럽게 우느냐?"

"수탉이 이렇게 만들었어요. 애써 그린 그림인데……."

아버지가 가만히 들여다보니 빨간 열매에 닭이 쪼아 댄

* **수탉** : 닭의 수컷.

자국이 잔뜩 남아 있었어요.

"네가 그림을 잘 그려 수탉이 속았구나."

아버지 말에 신사임당은 울음을 그치고 빙그레 웃었지요.

이렇게 닭이 속을 만큼 신사임당은 어려서부터 그림 솜씨가 아주 뛰어났답니다.

신사임당이 많이 그렸던 그림은 무엇일까요?

01 아이들 노는 모습

02 풀과 벌레

03 고양이와 개

04 아름다운 여인

생각 키우기

신사임당은 시도 잘 짓고 그림도 잘 그린 조선 시대의 예술가예요. 신사임당은 **산수, 대나무, 매화, 포도, 풀과 벌레 등을 즐겨 그렸어요.** 그 가운데서도 풀과 벌레를 그린 〈초충도〉는 빼어난 그림으로 널리 알려져 있답니다. 신사임당의 작품으로 알려진 그림은 40폭 정도인데 한결같이 생동감이 넘치고 섬세한 솜씨가 돋보인답니다.

정답 ❷

GUESS 14

한국 - 고려
[877년~943년]

첫 번째 힌트	★ **통일신라** 때 태어났어요.
두 번째 힌트	★ **궁예의 신하**였지요.
세 번째 힌트	★ 못된 짓을 일삼는 **궁예를 내몰았어요**.
네 번째 힌트	★ **넓은 마음**으로 백성을 돌봤어요.
다섯 번째 힌트	★ **임금이 되어 후삼국을 통일했어요**.

 결정적 힌트: "고려를 세웠어요!"

고려 제1대 임금

왕

ㄱ

● 태어난 곳 : 송악(개성)
● 업적 : 고려를 세우고 후삼국 통일. ● 남긴 책 : 『정계』, 『계백료서』, 〈훈요10조〉 등

왕건

후삼국을 통일하고 고려를 세운 임금
왕건

나는 어려서부터 무예*가 뛰어났어.

전쟁에 자주 나갔는데 그때마다 승리를 거두었지. 덕분에 나를 믿고 따르는 사람이 점차 많아졌어. 그런데 임금이던 궁예는 죄 없는 사람들을 마구 죽였지 뭐야.

"이대로 더는 살 수 없습니다. 우리의 새 임금이 되어 주십시오."

나는 사람들의 간절한 부탁에 궁예를 몰아내고 임금이 되었어. 나라 이름을 '고려'라 짓고 나서 온갖 정성을 다해 잘 다스렸지. 그 뒤에 나는 후백제, 신라로 나뉘어 있던 나라를 통일시켰단다.

"만세, 만세, 고려 만세! 태조 왕건 만세!"

사람들은 나, 태조 왕건이 진정한 삼국 통일을 이루어 냈다고 말한단다.

*무예 : 활, 창, 칼 등을 쓰는 무술에 관한 재주.

나라를 바로 세운 사람들
왕건

화살촉은 어디에?

"우와, 맞았어요, 맞았어요!"

왕건의 하인은 신이 나서 화살을 맞고 쓰러진 사슴이 있는 곳으로 달려갔어요. 그런데 사슴이 벌떡 일어나 후다닥 도망치는 게 아니겠어요?

"어? 분명히 정통으로 맞았는데……."

달아나는 사슴은 상처 하나 없이 멀쩡했어요. 하인은 고개를 갸우뚱하고 왕건이 쏜 화살을 찾아보았어요. 화살은 사슴이 쓰러져 있던 곳에 떨어져 있었지요. 그런데 화살 끝에 화살촉*이 없지 뭐예요.

"도련님, 화살촉을 안 끼우셨잖아요!"

하인은 왕건이 실수로 그런 줄 알고 일러 주었어요.

*화살촉 : 화살 끝에 박은 쇠.

하지만 일부러 화살촉을 끼우지 않았던 거였어요. 왕건은 빙그레 웃으며 말했어요.

"나는 활쏘기 연습을 하러 온 거지, 사냥하러 온 게 아니다. 살아 있는 짐승을 함부로 죽이면 되겠느냐."

왕건의 이런 따뜻한 마음은 임금이 되어서도 백성을 잘 다스리게 해 주었답니다.

왕건이 고려를 세우고 가장 먼저 한 일은 무엇일까요?

01 궁예 신하들 내쫓기

02 백성 보살피기

03 땅 넓히기

04 재물 모으기

생각 키우기

고려를 세운 왕건은 임금이 된 뒤에 **나라를 안정시키기 위해 애썼어요. 백성에게는 세금을 적게 거둬들이거나 몇 년 후에 세금을 낼 수 있도록 해 주었지요.** 또 네 편, 내 편 가리지 않고 모든 사람을 믿고 너그럽게 대해 주었어요. 그러자 궁예가 엉망으로 만들어 놓았던 나라가 안정을 되찾고 나날이 발전했답니다.

정답 ❷

GUESS 15

외국 - 미국
[1809년~1865년]

누구일까요?

첫 번째 힌트	★ **미국** 사람이에요.
두 번째 힌트	★ 가난해서 **혼자 공부**했어요.
세 번째 힌트	★ **변호사**가 되었지요.
네 번째 힌트	★ 미국의 **16대 대통령**이에요.
다섯 번째 힌트	★ **노예를 해방했어요.**

결정적 힌트 "국민의, 국민에 의한, 국민을 위한 정부"

미국 제16대 대통령

링

↓ ㄹ ㅋ

● **태어난 곳** : 미국 켄터키   ● **업적** : 남북 전쟁을 승리로 이끌고 노예를 해방함.
● **특징** : 게티즈버그 연설 가운데, '국민의, 국민에 의한, 국민을 위한 정부'로 유명.

링컨

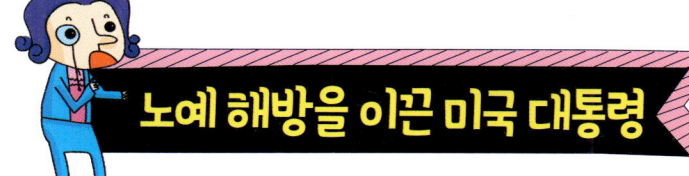

노예 해방을 이끈 미국 대통령
링컨
에이브러햄 링컨

나는 미국 남북 전쟁을 승리로 이끌고, 노예를 해방*한 미국의 대통령이야.

옛날에 미국 남부 지역에서는 흑인들을 데려다 일을 시켰단다. 이렇게 다른 사람 밑에서 온갖 궂은일만 하던 사람을 '노예'라고 해. 노예는 사람다운 대접을 받지 못했어. 마치 말이나 소처럼 일만 하고, 심지어는 주인의 재산으로 여겨져 사고팔기까지 했지.

똑같은 사람끼리 너무 끔찍하지? 그래서 나는 대통령이 된 후 남북 전쟁을 끝내고 노예를 부리지 못하게 막았단다. 반대가 많아 어려웠지만 옳다고 생각했기 때문에 끝까지 밀고 나갔어.

나는 국민을 위한 정치로 가난한 사람도 행복하게 살 수 있는 나라를 만들고자 애썼단다.

* **해방** : 억눌렸던 것이 풀려 자유롭게 되는 것.

용기로 뜻을 이룬 사람들
링컨

사람을 사고판다고?

링컨이 열아홉 살 때 일이었어요.
"아주 건강합니다. 병도 없고 일도 잘합니다."
뉴올리언스 노예 시장에 간 링컨은 너무 놀랐어요.
여기저기에서 노예 장사꾼이 흑인을 소나 말처럼 팔고 있었거든요. 한 가족이라고 해도 사 가는 사람이 다르면 뿔뿔이 흩어져야 했지요. 그 때문에 시장은 흑인을 때리는 백인 노예 장사꾼과 가족과 떨어지기 싫어 울음을 터뜨리는 흑인들로 몹시 어수선했어요.
"피부색이 다르다는 이유만으로 어떻게 저렇게 대할 수가 있지!"
링컨은 도무지 이해할 수가 없었어요. 하지만 그때는 많은 사람이 흑인을 무시하고 차별했답니다.

"내가 어른이 되면 노예 제도를 반드시 없애 버릴 거야!"

그 뒤, 링컨은 미국의 대통령이 되어 노예 제도를 없앴어요.

링컨은 언제나 '국민의, 국민에 의한, 국민을 위한 정부'를 만들고자 애썼답니다.

다음 중 링컨의 별명이 아닌 것은 무엇일까요?

01 정직한 에이브

02 장작 패는 사람

03 위대한 해방자

04 장작 씹는 사람

생각 키우기

링컨을 부르는 별명은 여러 개예요. 모두 링컨의 어려운 환경이나 성품, 업적을 잘 나타내고 있지요. 가난한 집안에서 **수많은 어려움을 겪은 링컨은 '장작 패는 사람'이라 불리는가 하면, 늘 정직하고 공정하게 일해 '정직한 에이브'라 불리기도 하지요. 또 노예를 해방한 훌륭한 대통령이기에 '위대한 해방자'**라 불리기도 한답니다.

정답 ❹

GUESS 16

한국 - 일제 강점기
[1876년~1949년]

누구일까요?

첫 번째 힌트	★ **독립운동가**예요.
두 번째 힌트	★ 호는 **백범**이에요.
세 번째 힌트	★ **상해 임시 정부**에서 일했어요.
네 번째 힌트	★ **겨레의 큰 스승**이자 **민족의 지도자**!
다섯 번째 힌트	★ 『**백범일지**』를 남겼어요.

 "나의 소원은 첫째도, 둘째도, 셋째도 대한 독립이다."

독립운동가, 민족 지도자

김
ㄱㄱ

- **태어난 곳** : 황해도 해주
- **남긴 책** : 『백범일지』
- **이름** : 김창남, 호는 백범
- **특징** : 상해 임시 정부에서 주석을 맡음.

김구

독립 의지를 널리 알린 독립운동가
김구

나는 **백범** 김구야.

'백범'은 **평범하고 보잘것없는 사람**을 가리키는 말이야. 보잘것없는 나도 **나라를 사랑**하니 이 땅의 백성 모두 다 같이 나라를 사랑하자는 뜻에서 내가 지은 거란다.

나는 늘 올바른 길을 가려고 애썼어. 일본에 **빼앗긴** 나라를 되찾기 위해 **독립운동**을 하면서도 민족과 나라를 위해 내가 가야 할 바른길은 어디인가 늘 고민했지.

바른길이라고 생각하면 주저하지 않고 행동했어.

나는 만주에 가서 의병단*에 들어가 일본군과 싸우고, 명성 황후를 시해*한 일본의 잘못을 알려 주고자 일본 장교를 해치우기도 했어. 한인 **애국단**을 만들어 독립운동을 뒷바라지하기도 했지.

사람들은 나를 '**민족의 지도자**'라 부른단다.

---

* **의병단** : 나라를 구하기 위해 백성이 스스로 만든 병사들의 조직.
* **시해** : 부모나 임금을 죽이는 것.

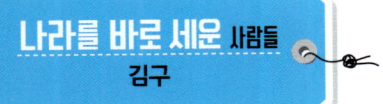

나라를 바로 세운 사람들
김구

백 번, 천 번 물어도 내 소원은 하나!

김구가 중국 상해 임시 정부*에서 독립운동을 하고 있을 때였어요.

밤이 되면 김구는 일기장을 폈어요. 일기장에는 나라 걱정이 가득했지요. 낮에는 임시 정부에서 독립운동가들의 활동을 도와주고, 밤이 되면 어떻게 해야 하루빨리 독립을 이루어 낼까 고민했어요.

"일본에 빼앗긴 나라를 되찾기만 한다면 나는 가장 궂은 일을 하는 사람이 되어도 상관없어."

김구는 자기의 생각을 차근차근 글로 정리했어요.

"하느님이 '네 소원이 무엇이냐?'라고 물으시면 나는 서슴지 않고, '내 소원은 대한 독립이오.'라고 대답할 것이다. 그

*임시 정부 : 독립운동의 중심 기관.

다음 소원은 무엇이냐?'라고 하시면 나는 또 '우리나라의 독립이오.'라고 대답할 것이요, 그다음 물음에도 '나의 소원은 우리나라의 완전한 자주독립이오.'라고 대답할 것이다."

 김구의 한결같은 마음은 많은 젊은이에게 큰 영향을 주었답니다.

김구가 남긴 책은 어느 것일까요?

01 김구 생각

02 백범일지

03 독립운동 따라 하기

04 나의 일기

생각 키우기

김구는 2권의 『백범일지』를 남겼어요. 첫 권은 김구가 상해 임시 정부에 있으면서 두 아들에게 아버지가 살아온 길을 알려 주려고 틈틈이 쓴 글이고, 두 번째 권은 나라를 위해 몸 바치려는 젊은이를 위해 쓴 것이지요. **『백범일지』에는 독립운동에 관한 자세한 이야기가 많이 담겨** 있어서 중요한 자료가 되고 있답니다.

정답 ❷

외국 - 영국
[1642년~1727년]

첫 번째 힌트	★ **영국**에서 태어났어요.
두 번째 힌트	★ **달**과 **지구 운동**에 의문을 품었어요.
세 번째 힌트	★ **과학자**예요.
네 번째 힌트	★ '**현대 과학의 아버지**'라 불려요.
다섯 번째 힌트	★ '**만유인력의 법칙**'을 발견했죠.

 결정적 힌트 "사과가 아래로 떨어진다!"

물리학자, 수학자

뉴 ↓ ㄴ ㅌ

● 태어난 곳 : 영국 링컨셔 울즈소프   ● 남긴 책 : 『자연철학의 수학적 원리』
● 업적 : 만유인력의 법칙 · 운동의 법칙 발견, 망원경 발명.

뉴턴

만유인력을 발견한 천재 과학자
뉴턴
아이작 뉴턴

빛은 무슨 색일까?

옛날 사람들은 빛이 하얗게 보이니까 당연히 흰색이라고 생각했어. 하지만 여러 가지 색깔이 합쳐져서 하얗게 보이는 거야. 빛은 여러 색이 더해지면 흰색이 되거든. 그걸 알아낸 사람이 바로 나야.

그것뿐만이 아니라 과학 발전에 큰 도움을 준 **만유인력***이나 여러 운동의 법칙도 모두 내가 발견했단다.

나는 어려서부터 호기심이 많았어. 게다가 한번 생각에 빠지면 옆에서 난리가 나도 모를 정도였지. 나중에 대학교 수가 되었을 때도 연구하다가 강의 시간을 빼먹은 적이 많았단다.

그렇게 평생을 연구에 푹 빠져 지낸 덕분에 나는 '**현대 과학의 아버지**'라는 이름을 얻었단다.

* **만유인력** : 모든 사물 사이에 일어나는 서로 끌어당기는 힘.

과학을 빛낸 사람들
뉴턴

사과가 대롱대롱, 어디로 떨어질까?

뉴턴이 대학교에 다닐 때 흑사병이 돌았어요.

흑사병은 무서운 전염병*이었어요. 학교는 전염을 막고자 문을 닫았고, 그 바람에 뉴턴은 고향으로 다시 돌아와야 했어요.

뉴턴은 그동안 배운 것을 하나하나 되새기고 정리하며 시간을 보냈어요.

어느 날, 뉴턴이 사과나무 아래에서 생각에 잠겨 있을 때였어요. 사과 하나가 뉴턴 머리 위로 툭 떨어졌지 뭐예요.

"아이코! 왜 꼭 아래로 떨어지는 거야?"

위나 옆으로 떨어졌다면 머리를 얻어맞지 않았을 텐데 말이에요.

---

* **전염병** : 나쁜 병균이 고기나 음식 따위를 통해 다른 사람에게 옮는 병.

뉴턴은 남들이 당연하게 생각한 일에 의문을 품었어요.
그리고 마침내 어째서 사과는 위에서 아래로 떨어지는지 알아내고 말았어요. 바로 모든 물체에는 서로 끌어당기는 힘인 '만유인력'이 있기 때문이에요.
뉴턴이 만유인력을 발견한 덕분에 과학은 더욱 빠르게 발전할 수 있었답니다.

만유인력이 없는 곳에서 사과를 떨어뜨리면 어떻게 될까요?

01 아래로 떨어진다.

02 위로 올라간다.

03 둥둥 떠 있는다.

04 이리저리 제멋대로 움직인다.

생각 키우기

모든 물체는 서로 끌어당기는 힘이 있어요. 이것을 '만유인력', 또는 '중력'이라고 하지요. 물체가 끌어당기는 힘의 세기는 서로 달라요. 때문에 **끌어당기는 힘이 센 쪽으로 움직이는 거예요. 만약 끌어당기는 힘을 없앤 무중력 상태에 물체를 놓으면 물체는 어느 쪽으로도 쏠리지 않고 공중에 둥둥 떠** 있답니다.

정답 ❸

GUESS 18

한국 - 신라
[595년~673년]

누구일까요?

- **첫 번째 힌트** ★ **신라 시대** 사람이에요.
- **두 번째 힌트** ★ **장군**이에요.
- **세 번째 힌트** ★ **화랑**이었지요.
- **네 번째 힌트** ★ **지혜롭고 용감**했어요.
- **다섯 번째 힌트** ★ **삼국 통일**을 이루어 냈어요.

결정적 힌트 "내 꿈은 삼국 통일!"

장군

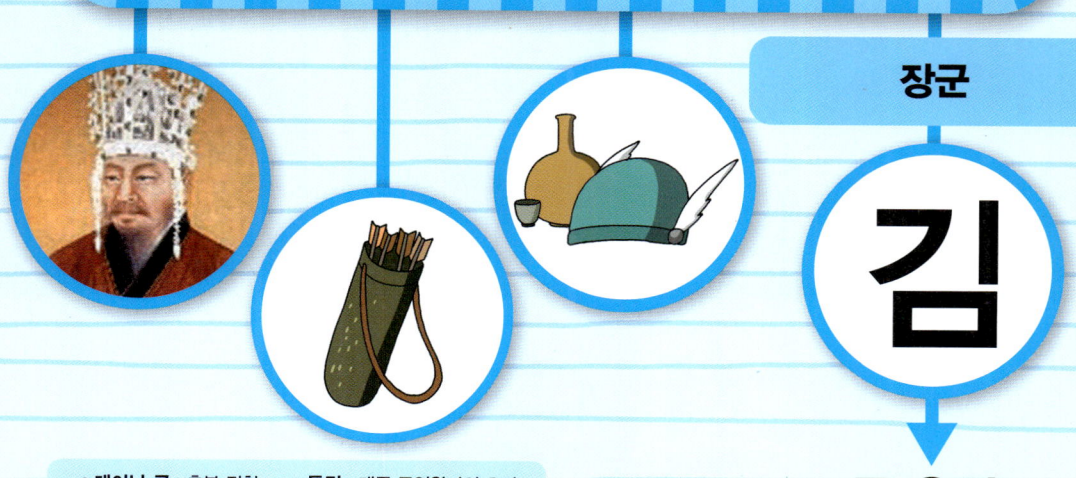

김

ㄱㅇㅅ

● 태어난 곳 : 충북 진천　● 특징 : 태종 무열왕비의 오빠
● 업적 : 백제, 고구려를 무찌르고 삼국을 통일함.

김유신

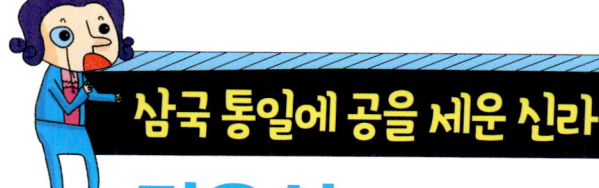

삼국 통일에 공을 세운 신라 장군
김유신

나는 신라의 장군 김유신이야.

신라가 삼국을 통일하는 데 큰 공을 세웠지.

나는 열다섯 살 때 화랑*에 들어가 마음을 다스리고, 무예를 익혔어. 어려서부터 뛰어난 지혜와 용기를 지녔던 나는 늘 삼국 통일을 꿈꾸었단다.

'나라의 힘을 키워 반드시 삼국을 통일하리라!'

그때 우리나라는 고구려, 백제, 신라, 이렇게 세 나라로 나뉘어 있었거든. 나는 군대를 이끌고 전쟁에 나가면 언제나 앞장서서 싸웠어. 그런 나를 보고 군사들은 더욱 용기를 냈지. 나와 군사들은 절대 물러서지 않았어.

나라를 위해 목숨 바치겠다는 생각으로 똘똘 뭉쳐 있었으니까. 그렇게 해서 백제, 고구려를 차례로 무너뜨리고 마침내 삼국 통일을 이루어 냈단다.

*화랑 : 신라 시대 청소년들이 모여 몸과 마음을 수련하던 단체.

나라를 바로 세운 사람들
김유신

말의 목을 베었다고?

김유신은 한때 기생에게 마음을 빼앗겨 그 기생이 있는 술집에 자주 드나들었어요.

그걸 알게 된 어머니가 김유신을 불러 타일렀어요.

"큰일을 앞두고 한창 열심히 공부해야 할 나이에 어쩌려고 그러느냐!"

잘못을 깨우친 김유신은 어머니에게 다짐했어요.

"다시는 술집에 가지 않겠습니다."

그런데 며칠 뒤, 말을 타고 집으로 돌아오는 길에 깜박 잠이 들었지 뭐예요. 눈을 떠 보니 자주 가던 술집 앞이었어요. 김유신이 잠든 사이에 말이 버릇대로 술집으로 간 거였지요. 기생은 얼른 나와 김유신을 반겼어요.

그러나 김유신은 딱 잘라 말했어요.
"오늘 여기에 온 것은 내 뜻이 아니오!"
그러고는 그 자리에서 말의 목을 베어 버렸어요. 한번 마음먹은 일은 무슨 일이 있어도 꼭 지키고 말았거든요.
이런 굳은 마음이 삼국을 통일하게 해 주었답니다.

신라 화랑은 '세속오계'라는 5가지 계율을 꼭 지켰어요. 세속오계가 아닌 것은?

01 임금에게 충성하라.

02 부모에게 효도하라.

03 결혼하지 말고 혼자 살아라.

04 살아 있는 것을 함부로 죽이지 말아라.

생각 키우기

신라 화랑은 '세속오계'라는 5가지 계율을 매우 중요하게 여겼어요. 세속오계는, **1. 임금에게 충성하고, 2. 부모에게 효도하고, 3. 믿음으로 친구를 사귀며, 4. 싸움에 나가 물러서지 말고, 5. 살아 있는 것을 함부로 죽이지 말라**는 5가지예요. 세속오계로 몸과 마음을 닦은 화랑은 삼국을 통일하는 데 밑거름이 되었답니다.

정답 ❸

GUESS 19

한국 - 조선
[1745년~알려지지 않음]

누구 일가요?

첫 번째 힌트	★ **조선 시대** 사람이에요.
두 번째 힌트	★ **궁궐 화가**였지요.
세 번째 힌트	★ **조선 시대 3대 화가** 중 한 명이에요.
네 번째 힌트	★ **그림**을 아주 잘 그렸어요.
다섯 번째 힌트	★ **서민의 생활 모습**을 많이 그렸어요.

결정적 힌트  "**〈씨름〉, 〈서당〉** 등이 유명해요."

화가

김
↓
ㄱ ㅎ ㄷ

- ●특징 : 풍속화, 인물화, 산수화 등 모든 분야에 재능이 뛰어남.
- ●대표작품 : 〈삼공불환도〉, 〈풍속화첩〉, 〈마상청맹도〉 등

김홍도

조선의 생활 모습을 그린 으뜸 화가
김홍도

그림 그리는 거 좋아하니?

나는 어려서부터 그림 그리기를 무척 좋아했단다. 그래서 무엇이든 눈에 보이는 대로 쓱쓱 그렸어. 마당 구석에서 웅크리고 자는 강아지도 그리고, 흙장난하는 옆집 아이도 그렸어.

"하하, 정말 재미있게 잘 그렸구나!"

내 그림을 본 사람들은 모두 칭찬해 주었단다. 재주를 인정받은 나는 일찌감치 궁궐에서 지내며 임금님의 초상화*도 그렸어. 임금님은 내 그림을 아주 좋아했지.

나는 이곳저곳을 돌아다니며 자연스러운 풍경을 많이 그렸어. 가장 즐겨 그린 것은 서민*들의 모습이야.

내 그림을 자세히 살펴보면 구석구석 재미난 장면이 많단다. 꼭 한번 보렴.

---

* **초상화** : 사람의 얼굴을 중심으로 그린 그림.
* **서민** : 옛날, 보통 사람들을 가리키는 말.

문화를 이끈 사람들
김홍도

그림이 살아 움직인다고?

"얼쑤, 얼쑤, 잘한다!"

"아이코, 저런 쯧쯧!"

김홍도의 그림을 보면 저절로 나오는 소리예요. 마치 눈앞에서 실제로 일어나는 것처럼 무척 잘 그렸거든요.

김홍도는 서민들의 모습을 즐겨 그렸어요.

장날에 빙 둘러앉아 씨름 구경하는 사람, 춤추는 아이, 서당 훈장님께 꾸중 듣는 아이 등 김홍도가 살던 때 생활 속에서 흔히 볼 수 있는 모습 말이에요.

그래서 김홍도의 그림을 보면 옛날 사람들이 어떻게 살았는지도 알 수 있어요. 게다가 서민들의 모습을 익살스럽게 표현하고 있어서 보는 사람을 즐겁게 해 준답니다.

김홍도는 풍속화뿐만이 아니라 인물화, 산수화*, 불화*, 초상화, 동물화 등 가리지 않고 고르게 다 잘 그렸어요.
우리 민족의 정서와 자연의 아름다움을 더욱 돋보이게 한 김홍도는 우리나라의 으뜸 화가랍니다.

*산수화 : 자연의 아름다움을 그린 그림.
*불화 : 불교의 내용을 그린 그림.

김홍도가 그린 그림이 아닌 것은 무엇일까요?

01 씨름

02 무동

03 모나리자

04 서당

생각 키우기

김홍도는 **서민들의 모습을 담은 풍속화, 우리나라 자연을 담은 산수화만이 아니라 인물 그림도 많이 그렸어요.** 인물은 주로 신선을 그렸는데 다른 색깔을 넣지 않고 먹만 써서 그렸지요. 굵고 힘찬 느낌을 주는 옷의 주름과 바람에 나부끼는 옷자락, 그리고 티 없이 맑은 얼굴을 아주 잘 표현했어요. 〈모나리자〉는 레오나르도 다빈치의 그림이랍니다.

정답 ❸

GUESS 20 누구일까요?

외국 - 독일
[1879년~1955년]

첫 번째 힌트	★ **독일** 사람이에요.
두 번째 힌트	★ 최고의 **천재 과학자**예요.
세 번째 힌트	★ **핵무기**를 **반대**했어요.
네 번째 힌트	★ **우주의 수수께끼**를 풀었지요.
다섯 번째 힌트	★ '**상대성 이론**'을 완성했어요.

 **결정적 힌트** "흰 머리카락과 콧수염이 멋진 과학자"

과학자(물리학자)

아
↓
○○○ㅅㅌㅇ

● 태어난 곳 : 독일 울름
● 업적 : 상대성 이론을 발표함.
● 특징 : 노벨 물리학상을 받음.

아인슈타인

과학 혁명을 일으킨 천재 과학자
아인슈타인

알베르트 아인슈타인

사람들은 나를 '**천재 과학자**'라고 하지.

어려서부터 천재란 소리를 들었느냐고? 천만에!

나는 똘똘하지 못했어. 심지어 선생님은 "너는 절대로 쓸모 있는 사람이 되지 못할 거야!"라고 말할 정도였지.

그런 내가 과학자가 될 수 있었던 것은 바로 **호기심** 때문이야.

'우주는 어떻게 생겨났을까?', '태양 빛을 따라가면 어떻게 될까?' 난 정말 궁금한 게 많았어. 그리고 궁금증을 스스로 알아내려고 노력했지.

결국, 나는 1905년에 새로운 과학 이론*을 세상에 발표했고 **노벨상**까지 받았어. 내 이론은 **우주의 수수께끼를** 풀어냈을 뿐만 아니라 생활에 필요한 물건을 만드는 데도 쓰인단다.

* **이론 :** 이치나 지식을 밝힌 체계.

| 과학을 빛낸 사람들
아인슈타인

난 사람들에게 도움을 주고 싶었는데!

전 세계 사람들은 아인슈타인을 존경하고 아꼈어요.

그의 상대성 이론*이 지구의 미래를 바꿔 놓을 거라고 믿었지요. 그렇지만 아인슈타인은 자신의 과학 이론이 나쁘게 쓰이면 무서운 일이 생길 거라고 걱정했어요.

"만약 내 이론을 바탕으로 핵반응을 이용한 원자 폭탄*을 만든다면 지구는 망할 것이오!"

아인슈타인은 경고했지만, 소용없었어요.

제2차 세계 대전이 일어나 전 세계가 전쟁에 휘말렸고, 미국은 원자 폭탄을 만들어 일본에 떨어뜨렸지요.

원자 폭탄은 순식간에 20만 명의 목숨을 앗아 갔어요.

아인슈타인은 그 소식을 듣고 자신을 탓했어요.

---

* **상대성 이론** : 아인슈타인이 밝힌 물리 이론으로, 시간과 공간이 상대적임을 밝힌 이론.
* **원자 폭탄** : 원자핵이 분열할 때 생기는 힘을 이용한 폭탄.

"맙소사! 이런 일이 일어날 줄 알았다면 남을 도와주는 구두 수선공이 되었을 텐데!"

그 뒤로 아인슈타인은 "핵폭탄을 만들지 말자!"라고 외쳤어요. 그리고 죽을 때까지 세계 평화를 위해 힘썼답니다.

아인슈타인의 이론은 우리 생활에 쓰이고 있어요. 관련 없는 것은 무엇일까요?

01 디지털카메라

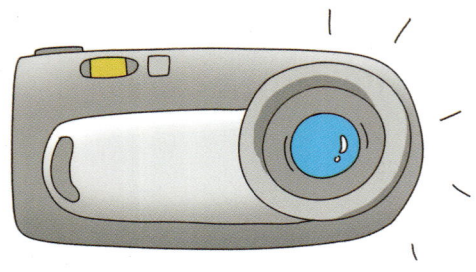

02 레이저

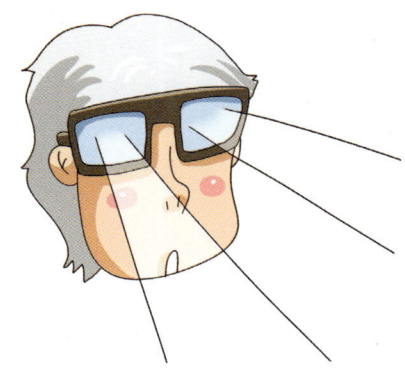

03 핵폭탄

04 신발주머니

생각 키우기

우리가 편리하게 사용하는 물건 중에는 아인슈타인의 도움을 받은 것이 많아요. **사진을 찍는 디지털카메라, 음악을 들을 수 있는 CD, 병원에서 쓰는 레이저** 등 모두 아인슈타인 덕분에 생겨난 것들이에요. 아인슈타인은 한때 가난한 제자를 위해 냉장고까지 만들었어요. 지금 우리가 사용하는 냉장고와는 다른 것이지만, 언젠가는 아인슈타인표 냉장고를 보게 될지도 몰라요.

정답 ❹

한국 – 조선
[1762년~1836년]

누구일까요?

첫 번째 힌트	★ 조선 시대 사람이에요.
두 번째 힌트	★ 책을 500권이나 썼어요.
세 번째 힌트	★ 『목민심서』를 썼어요.
네 번째 힌트	★ 거중기를 만들었어요.
다섯 번째 힌트	★ 생활에 도움 주는 학문을 공부했어요.

 결정적 힌트 "수원성을 쌓았어요."

실학자

정
↓
ㅈ ㅇ ㅇ

● 태어난 곳 : 경기도 광주
● 업적 : 거중기를 만들어 수원 화성을 지음.   ● 특징 : 호는 다산
● 남긴 책 : 『경세유표』, 『목민심서』, 『흠흠신서』 등 500여 권의 책

정약용

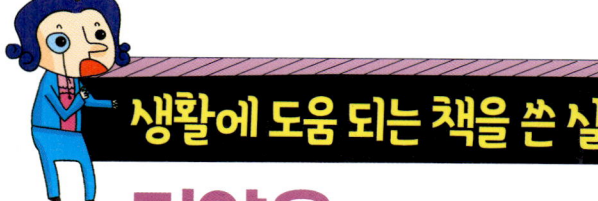

생활에 도움 되는 책을 쓴 실학자
정약용

나는 조선 시대 **실학자** 정약용이야.

실학이란 **생활에 보탬**이 되는 학문을 말해.

그러니까 나는 **백성**이 잘살도록 도와주는 공부를 한 거야. 책상 앞에서 어려운 글을 읽고 쓰는 것보다 생활을 **편리**하게 만드는 것이 더 중요하다고 생각했거든.

그래서 **앞선 나라**에서 **기술**을 배워 와야 한다고, 또 백성을 못살게 구는 관리를 뿌리 뽑아야 한다고 주장했어.

나는 스물두 살에 벼슬살이를 시작했는데 모함을 받아 오랫동안 벼슬에서 쫓겨나 있었단다. 18년 간이나 귀양살이를 했는데, 고통의 시간이었지만 한편으로는 행운의 시간이기도 했어.

그 시간 동안 **백성을 위한 책**을 쓸 수 있었거든. 내가 쓴 책들은 모두 **500여 권**으로, 그 안에는 살기 좋은 나라를 만들고자 했던 내 소망이 가득하단다.

사랑을 꽃피운 사람들
정약용

10년 걸릴 일을 2년 만에 끝냈다고?

"수원 화성을 짓는 데 그대의 재주를 아끼지 마시오."
정조 임금이 정약용에게 말했어요.
임금의 명령을 받은 정약용은 골똘히 생각했어요.
'어떻게 하면 백성들의 고생을 줄이면서도 튼튼한 성을 만들 수 있을까?'
성을 지을 때 가장 어려운 일은 무거운 돌을 가져다 쌓는 것이었어요. 무척 힘들고 위험한 일이었지요. 이에 정약용은 무거운 돌을 거뜬히 들어 올릴 수 있는 '거중기'라는 기계를 발명했답니다.
거중기를 쓰자 보통 10년은 걸리는 일이 2년 만에 끝났어요. 그만큼 백성들의 어려움도 훨씬 줄어들었지요.

"정말 대단하오."

정조 임금은 완성된 수원 화성을 보고 매우 기뻐했어요.

백성을 아끼는 정약용의 마음이 담긴 수원 화성은 200년이 지난 지금까지 튼튼하게 서 있어요. 그뿐만 아니라 유네스코 세계 문화유산*으로 올라 있답니다.

*세계 문화유산 : 다음 세대에게 물려줄 만큼 세계적으로 가치 있는 문화.

암행어사가 가지고 다니는 마패에는 동물이 그려져 있어요. 어떤 동물일까요?

01 호랑이

02 말

03 부엉이

04 돼지

생각 키우기

암행어사는 신분을 숨기고 돌아다니며 관리들과 백성들의 생활을 돌보는 사람이에요. **정약용은 암행어사로 다니면서 관리들의 횡포와 백성의 어려움을 잘 알게 되었어요.** 암행어사가 신분을 증명하기 위해 가지고 다니던 마패 뒷면에는 **말이 그려져** 있어요. 말의 수는 1~10마리까지 새겨져 있고, 말의 수만큼 말을 빌려 쓸 수 있었습니다.

정답 ❷

GUESS 22 누구일까요?

외국 - 미국 [1880년~1968년]

- **첫 번째 힌트** ★ **미국** 사람이에요.
- **두 번째 힌트** ★ **앤 설리번** 선생님을 만났어요.
- **세 번째 힌트** ★ **손가락**으로 말하는 법을 배웠어요.
- **네 번째 힌트** ★ 보지도, 듣지도, 말하지도 못해요.
- **다섯 번째 힌트** ★ 장애인에게 꿈과 용기를 주었지요.

결정적 힌트  "장애를 극복한 기적의 여인!"

사회사업가

헬
ㅎ ㄹ ㅋ ㄹ

● **태어난 곳** : 미국 앨라배마 주 터스컴비아 ● **남긴 책** : 『나의 인생 이야기』
● **업적** : 장애를 딛고 일어나 수많은 장애인에게 용기를 줌.

헬렌 켈러

장애를 극복한 사회사업가
헬렌 켈러

두 눈을 꼭 감고, 귀를 꽉 막아 보렴. 그렇게 아무 소리도 안 들리는 깜깜한 어둠 속에서 산다면 어떨까?

나는 두 살 때, 열병*을 앓았어. 죽을 고비를 넘기고 겨우 살아났는데, 이럴 수가! 보이지도 들리지도 않는 거야. 말도 하지 못했고. 얼마나 답답하던지 닥치는 대로 던지고 부수었어. 마치 괴물 같았다고 하더구나.

다행히 설리번 선생님이 나의 눈과 귀가 되어 주고, 말하는 법을 가르쳐 주셨단다. 덕분에 대학교까지 다녔어.

나는 내 이야기를 책으로 내고, 세계를 돌아다니며 장애인을 위해 연설했어.

"어떤 장애든 모두 이겨 낼 수 있습니다."

수많은 장애인이 나의 모습에 용기와 희망을 얻었어. 사람들은 나를 '기적의 여인'이라고 부른단다.

* **열병** : 열이 몹시 오르고 심하게 앓는 병.

용기로 뜻을 이룬 사람들
헬렌 켈러

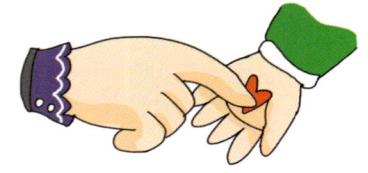

헬렌, 마음의 눈을 떠!

 헬렌 켈러는 일곱 살이 되던 해에 앤 설리번 선생님을 만났어요.

 설리번 선생님은 헬렌의 손바닥에 손가락으로 글씨를 써서 말하는 법을 가르쳐 주려 했어요. 그래서 헬렌의 손에 인형을 쥐여 주고, 손바닥에 '인형'이라고 썼어요. 그러나 헬렌은 그게 무엇인지 전혀 알지 못했어요.

 그러자 설리번 선생님은 헬렌을 수돗가로 데려가 헬렌의 손에 물을 부었어요.

 '앗, 차가워!'

 헬렌은 몸을 움츠렸어요. 그때 설리번 선생님이 헬렌의 손바닥에 '물'이라고 썼어요.

'아, 이게 물이구나!'

헬렌은 비로소 모든 사물*에 이름이 있다는 것을 깨달았어요. 그 뒤로 헬렌은 빠르게 배워 나갔고, 곧 다른 사람과도 이야기를 주고받을 수 있게 되었어요.

장애를 이겨 낸 헬렌은 이렇게 말했답니다.

"세상의 아름다움은 마음으로 볼 수 있습니다."

* 사물 : 우리 주변의 일과 물건을 아울러 이르는 말.

헬렌은 듣지도, 보지도 못하는데 학교에서 어떻게 공부했을까요?

01 학교에 다니지 않았다.

02 설리번 선생님이 늘 따라다녔다.

03 잠만 잤다.

04 마법 모자가 있었다.

생각 키우기

설리번 선생님은 늘 헬렌의 옆에서 헬렌의 눈과 귀가 되어 주었어요. 학교 수업 시간에도 설리번 선생님은 헬렌 옆에 앉아 헬렌이 보고 들어야 할 것들을 손바닥에 써 주었지요. 헬렌은 대학교까지 다녔는데 공부를 아주 잘했어요. 똑똑한 **헬렌이 열심히 공부한 데다 설리번 선생님이 헬렌 옆을 떠나지 않고 도와주었기 때문**이랍니다.

한국 - 조선
[1543년~1605년]

누구일까요?

첫 번째 힌트	★ **조선 시대** 사람이에요.
두 번째 힌트	★ 나라에서 **중요한 글씨**는 도맡아 썼어요.
세 번째 힌트	★ **글씨**를 잘 써요.
네 번째 힌트	★ '**석봉**'이란 이름이 더 알려졌죠.
다섯 번째 힌트	★ 나는 떡을 썰 테니 너는 글을 써라!

결정적 힌트 "석봉체를 만들었어요."

서예가

한

↓

ㅎㅎ

● **태어난 곳** : 송도(개성)
● **업적** : 독창적인 글씨체 개발.
● **특징** : 호는 석봉
● **대표 작품** : 〈석봉천자문〉, 〈기자묘비〉, 〈선죽교비〉 등

한 호

독특한 글씨의 조선 최고 명필가
한호

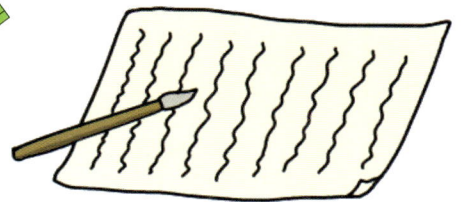

　나는 조선 시대 명필가, 한호야. '석봉'으로 더 잘 알려졌지. 명필가란 글씨를 잘 쓰는 사람을 말해.

　나는 어릴 때 아버지가 일찍 돌아가셨어. 그래서 어머니와 단둘이 살았어. 어머니는 떡장사를 해서 번 돈으로 어려운 살림을 꾸려 가셨지.

　나는 열두 살 때 어머니와 떨어져 한양의 신희남 선생님 아래에서 글씨를 배웠어. 스물다섯 살에는 진사* 시험에 붙어 벼슬길에 올라 임금의 문서 쓰는 일을 맡았지.

　그때 사람들은 중국의 명필가인 왕희지 글씨를 으뜸으로 여겨 따라 쓰려고 애썼어. 그러나 나는 나만의 독창적인 글씨체인 석봉체를 만들어 썼어. 내 글씨는 우리나라뿐만 아니라 중국에까지 널리 알려졌지.

* **진사** : 조선 시대에 과거의 예비 시험인 소과(小科)의 복시에 합격한 사람에게 준 칭호.

문화를 이끈 사람들
한호

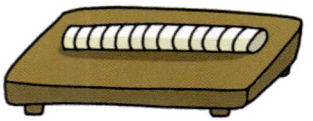

불을 끈 채, 글을 쓰라고?

한호는 열두 살 때 글씨를 배우러 한양으로 갔어요.
"어린 나이에 이렇게 힘찬 글씨를 쓰다니, 정말 훌륭하구나!"
칭찬을 들을 때마다 한호는 더욱 부지런히 글씨를 썼지요. 그렇게 3년을 공부하고 나서 글씨 쓰기 대회에서 장원*을 했어요.
한호는 기쁜 마음에 들떠 집으로 돌아왔어요.
"그동안 얼마나 공부했는지 보고 싶구나. 나는 떡을 썰 테니 너는 글을 써 보아라."
그러더니 어머니는 불을 껐어요. 얼마 뒤에 다시 불을 켜 보니 떡은 조금도 흐트러짐 없이 고르게 썰려 있는데, 한호가 쓴 글씨는 뒤죽박죽 알아볼 수가 없지 뭐예요.

* **장원** : 가장 우수한 사람을 가리키는 말.

"글씨는 손으로만 쓰는 게 아니다. 마음으로 쓰면 어둠 속에서도 바르게 쓸 수 있다."

어머니 말씀에 한호는 그 길로 다시 한양으로 돌아가 더욱 열심히 공부했어요. 그리고 마침내 조선에서 제일가는 명필가가 되었답니다.

한호가 공부를 마치고 집으로 돌아왔을 때, 어머니가 아들을 시험한 이유는 무엇일까요?

01 원래 이기는 걸 좋아해서

02 오랜만에 아들과 놀아 보려고

03 한호의 모자람을 깨닫게 하려고

04 진짜 아들인지 확인하려고

생각 키우기

무슨 일이든 뛰어나게 잘하려면 많은 시간과 노력이 필요해요. 또 자기가 하는 일에 온갖 정성을 쏟으면 눈을 감고도 척척 잘하게 된답니다. 어머니는 한호가 뛰어난 사람이 되길 바랐어요. 그래서 **한호의 공부가 얼마나 모자란지 알게 하려고 한호를 시험했죠.** 어머니의 바른 가르침 덕분에 한호는 세상이 알아주는 서예가가 될 수 있었답니다.

정답 ❸

GUESS 24

외국 - 미국
[1867년~1912년, 1871년~1948년]

누구일까요?

- **첫 번째 힌트** ★ 미국에서 태어났어요.
- **두 번째 힌트** ★ 둘은 형제예요.
- **세 번째 힌트** ★ 비행기를 만들었죠.
- **네 번째 힌트** ★ 직접 비행기를 타고 날았어요.
- **다섯 번째 힌트** ★ 윌버 라이트, 오빌 라이트.

결정적 힌트 "○○○ 형제"

발명가

라 → ㄹㅇㅌㅎㅈ

● 이름 : 윌버 라이트(1867~1912), 오빌 라이트(1871~1948)
● 업적 : 세계에서 처음으로 엔진을 단 비행기를 만듦.

라이트 형제

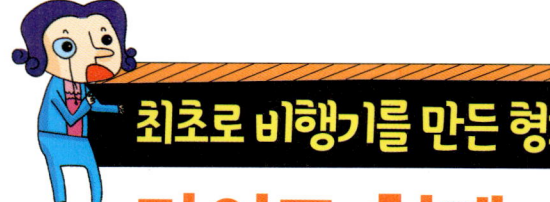

최초로 비행기를 만든 형제 발명가
라이트 형제
윌버 라이트, 오빌 라이트

비행기 타 봤니? 슈웅 하늘을 나는 비행기 말이야.

그 비행기를 만든 사람이 바로 우리야.

형은 윌버 라이트, 동생은 오빌 라이트.

그래서 우리를 라이트 형제라고 부르지.

비행기가 생기기 전에도 사람들은 기구*나 글라이더*로 하늘을 날았어. 하지만 꼭 바람이 불어야 했어.

"바람 없이도 날 수 있어야 해!"

우리 형제는 엔진(발동기)의 힘으로 하늘을 나는 방법을 연구했어. 그리고 마침내 비행기를 만들었단다. 그런 뒤에도 멈추지 않고 연구를 거듭해 하늘을 나는 시간을 늘려 나갔고, 속도도 높여 나갔어.

그렇게 비행기는 점차 발전해 사람들도 새처럼 자유롭게 하늘을 날 수 있게 되었단다.

*기구 : 가벼운 기체를 넣어 하늘에 띄우는 물건.
*글라이더 : 공기의 흐름을 이용해 하늘을 나는 탈것.

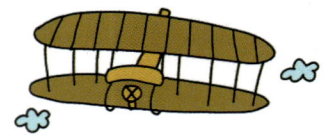

웽웽, 요란한 괴물이 날아다녀!

"아이고, 그럼 그렇지! 그 무거운 게 어떻게 하늘을 날아?"

라이트 형제의 실험을 구경하던 사람들이 혀를 끌끌 찼어요.

"쓸데없는 짓 그만들 하게."

라이트 형제를 말리는 사람들도 많았지만 두 사람은 실험을 멈추지 않았어요. 좀 더 가볍고, 튼튼한 엔진을 만들고자 애썼지요.

그렇게 수없이 많은 실험을 거친 뒤에 알루미늄으로 엔진을 만들었어요.

1903년, 동생 오빌이 새로 만든 비행기를 탔어요. 시동을 걸자 비행기는 힘차게 달려 나갔어요. 그러고는 가볍게 하

늘로 날아올랐지요.

"날았다! 날았어!"

마침내 성공한 거예요.

이때 비행기가 하늘을 난 시간은 딱 12초였어요. 하지만 사람이 바람의 힘을 빌리지 않고도 하늘을 날 수 있다는 것을 보여 준 대단한 비행이었지요.

그 뒤로 라이트 형제의 비행기는 세계의 하늘을 날아다녔답니다.

사람이 하늘을 날기 위해 만든 물건이 아닌 것은 무엇일까요?

01 비행기

02 기구

03 오리발

04 글라이더

생각 키우기

옛날부터 사람들은 하늘을 날고 싶어 했어요. 그래서 하늘을 나는 방법을 줄기차게 연구했지요. **커다란 풍선에 바구니를 매단 기구, 날개 모양의 글라이더** 등이에요. 그런데 이것들은 바람의 영향을 많이 받아서 사람의 뜻대로 움직이기 어려웠어요. 이런 문제점을 해결한 것이 비행기죠. 비행기는 하늘을 날고 싶은 인류의 꿈을 이루어 주었어요.

정답 ❸

GUESS 25

외국 - 스페인
[1881년~1973년]

누구일까요?

- **첫 번째 힌트** ★ 스페인에서 태어났어요.
- **두 번째 힌트** ★ '입체파'라고 하지요.
- **세 번째 힌트** ★ 한국 전쟁을 그리기도 했어요.
- **네 번째 힌트** ★ 독특하게 그림을 그렸어요.
- **다섯 번째 힌트** ★ 세계에서 가장 이름난 화가예요.

결정적 힌트 "이상해 보이는 그림을 피카소 그림 같다고 해요."

화가

피
ㅋ ㅅ

● 태어난 곳 : 스페인 말라가
● 대표 작품 : 〈아비뇽의 처녀들〉, 〈게르니카〉, 〈한국에서의 학살〉 등

피카소

미술사의 흐름을 바꾼 천재 화가
피카소 <small>파블로 피카소</small>

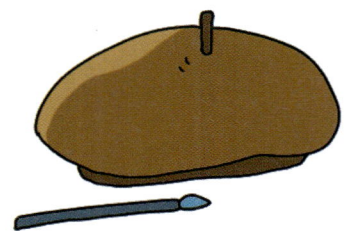

안녕? 난 파블로 피카소야.

나는 어려서부터 그림을 잘 그렸어. 그래서 **열세 살 때** 벌써 **전시회***를 열었고, 열네 살 때는 한 달 걸릴 그림을 단 하루 만에 그려서 어른들을 깜짝 놀라게 했지.

그 뒤, 이름난 **미술 학교**에 들어갔는데 몹시 지루했어. 매우 흔한 그림만 그리게 시켰거든.

나는 새로운 그림을 그리고 싶었어. 그래서 학교보다 길거리에서 그림을 그릴 때가 더 많았지.

내 그림은 남달라 아무도 흉내 낼 수 없었어. 어떤 사람들은 **미치광이 그림**이라고 손가락질하기도 했지.

그러거나 말거나 평생 더 좋은 그림을 그리려고 애썼고, 그 덕분에 전 세계에 이름을 떨쳤어. 그리고 지금껏 **세계 최고의 화가**로 손꼽힌단다.

---

* **전시회** : 우수한 작품을 늘어놓고 보는 모임.

이게 사람을 그린 거라고?

1907년 여름, 피카소는 그림을 그리느라 방에서 통 나오질 않았어요. 친구들은 피카소가 어떤 그림을 그리는지 궁금했지요.

피카소는 그림을 다 그린 뒤에야 친구들을 불렀어요. 피카소는 아주 자신만만했지요. 이 그림 하나를 그리려고 오랫동안 애썼거든요. 밑그림을 그린 종이만 해도 800장이 넘었어요.

"자, 내 그림이 어떤가? 제목은 '아비뇽의 처녀들'이라네."

피카소가 그림을 내보이는 순간, 친구들은 할 말을 잃었어요. 친구들의 눈에 그건 괴상망측한 그림이었거든요.

친구들은 피카소가 제정신이 아니라고 생각했어요.

"자네 그림을 도저히 이해할 수 없네."
피카소를 좋아했던 친구도 고개를 돌렸지요.
그러나 세월이 흐르고 나서 세상 사람들은 이 그림을 이해하게 되었어요. 사람들은 끊임없이 새로운 도전을 하는 피카소에게 박수를 보냈답니다.

피카소가 즐겨 그린 그림은 무엇일까요?

01 사람의 모습

02 짱구

03 방귀대장

04 공룡

생각 키우기

피카소 **주위에 있는 사람들은 곧잘 피카소의 그림 속 주인공**이 되었지요. 피카소 그림 중에는 우리나라 사람들도 있답니다. 1950년, 피카소는 머나먼 나라 한국에서 전쟁이 일어났다는 소식을 듣고 붓을 들었어요. 그리고 군인들이 겨눈 총 앞에 고통스럽게 서 있는 한국 사람들의 모습을 그렸지요. 피카소의 그림은 이렇게 말하고 있답니다. "전쟁을 하지 마세요!"

정답 ❶

GUESS 26

한국 - 일제 강점기
[1879년~1910년]

누구일까요?

첫 번째 힌트	★ 황해도 해주에서 태어났어요.
두 번째 힌트	★ 비밀 결사대를 만들었어요.
세 번째 힌트	★ 독립운동을 했어요.
네 번째 힌트	★ 이토 히로부미에게 총을 쐈어요.
다섯 번째 힌트	★ 탕! 탕! 탕! 대한 독립 만세!

결정적 힌트: "하루라도 책을 읽지 않으면 입 안에 가시가 돋는다."

교육가, 의병장, 독립운동가

안
↓
ㅇ ㅈ ㄱ

- **태어난 곳** : 황해도 해주
- **업적** : 중국 하얼빈 역에서 일본 통감 이토 히로부미 사살.

안중근

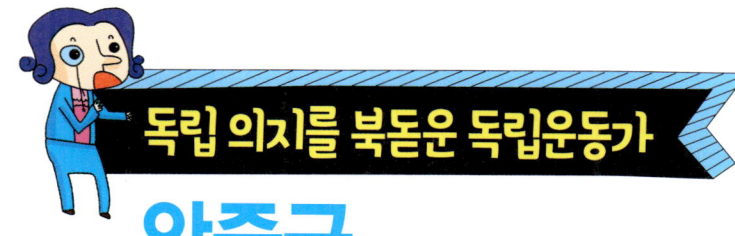

독립 의지를 북돋운 독립운동가
안중근

　나는 어려서부터 말타기와 활쏘기를 즐겼어. 사냥꾼들에게 총쏘기를 배운 뒤에는 명사수로 이름을 날렸지.

　이런 내 능력이 나라를 위해 쓰인다면 얼마나 좋을까? 언제든 나라를 위해서라면 나는 내 목숨도 기꺼이 바칠 각오였어.

　나라를 일본에 빼앗기는 것을 보고 나는 '삼흥학교'라는 학교를 세워 인재를 키우는 데 힘썼어.

　나는 일본은 물론 전 세계에 우리의 독립 의지를 보여 주고자 큰일을 계획했지. 조선총독부*의 우두머리 이토 히로부미를 없애기로 한 거야. 마침내 나는 중국 하얼빈에서 이토 히로부미를 총으로 쐈어.

　그 일로 나는 사형 당해 목숨을 잃었지만, 온 국민에게 독립 의지를 북돋워 주었기에 나 자신이 자랑스럽단다.

---

* 조선총독부 : 일본이 우리나라를 지배하기 위해 세운 기관.

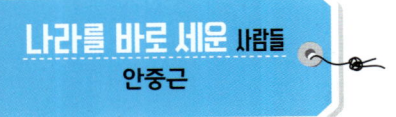

나라를 바로 세운 사람들
안중근

세 발의 총소리, 이토 히로부미를 쏘다!

'마침내 때가 왔어!'

이토 히로부미가 중국 하얼빈에 온다는 소식을 들은 안중근은 주먹을 불끈 쥐었어요.

'이토 히로부미를 없앨 좋은 기회야!'

1909년 10월 26일, 안중근은 하얼빈 역으로 갔어요.

역에는 경찰들이 잔뜩 모여 있었어요. 안중근은 일본 기자로 변장*하여 숨어들었어요. 얼마 후, 이토 히로부미가 기차에서 내려 환영 나온 사람들에게 다가왔지요.

"탕! 탕! 탕!"

안중근은 권총 세 발을 쏘았어요. 그러고는 태극기를 꺼내 흔들며 외쳤어요.

---

* 변장 : 본래의 모습을 알아볼 수 없게 하기 위하여 옷차림이나 얼굴, 머리 모양 따위를 다르게 바꾼 것.

"대한 독립 만세! 대한 독립 만세!"

안중근은 곧바로 경찰에게 붙잡혔어요. 그러나 눈 하나 깜짝 않고 아주 당당하게 말했어요.

"이토 히로부미는 우리나라를 빼앗고 국민을 괴롭힌 원수다. 나는 대한 군인으로서 나라의 원수를 총살했다."

안중근은 나라를 위해 큰일을 한 뒤 끝내 사형되었답니다.

안중근과 동지들은 목숨 바쳐 싸우기로 결심하고 비밀 결사대를 만들었어요. 무엇일까요?

01 단지회

02 대한 독립군

03 붉은 악마

04 지하 조직단

생각 키우기

옛날 사람들은 굳은 맹세를 할 때 손가락에서 피를 내어 그 피로 글씨를 썼어요. 그것을 '혈서'라고 하지요. 안중근과 동지 12명도 나라의 독립을 위해 목숨 바쳐 싸우기로 다짐한 뒤 비밀 결사대를 만들고 혈서를 썼어요. **태극기에 '대한 독립'과 자기 이름을 피로 쓴 거예요.** 손가락을 잘랐다고 해서 한자로 '단지회'라고 이름을 지었답니다.

정답 ❶

GUESS 27

한국 – 신라
[617년~686년]

누구일까요?

첫 번째 힌트	★ **신라 시대** 사람이에요.
두 번째 힌트	★ 공부하러 **당나라**로 떠났어요.
세 번째 힌트	★ 의상과 함께 **신라의 승려**로 유명해요.
네 번째 힌트	★ **불교**를 널리 알렸어요.
다섯 번째 힌트	★ 스님이에요.

결정적 힌트 "해골 안에 있는 물을 마셨어요."

승려

원

ㅇㅎ

● 특징 : 이두를 정리한 설총의 아버지
● 업적 : 불교를 쉽게 풀어 널리 퍼뜨림, 백성을 안정시킴.
● 남긴 책 : 『대승기신론소』, 『화엄경소』, 『법화경종요』 등

원 효

불교를 널리 알린 신라 승려
원효

나는 원효, 불교를 널리 알린 신라 시대 때 승려*야.

신라에는 '화랑'이라는 청소년 조직이 있었는데, 나도 화랑이었단다. 화랑으로서 몸과 마음을 닦다가 불교에 뜻을 두었어. 그래서 신라보다 앞서 불교를 받아들인 당나라로 공부하러 떠났지.

의상과 함께 갔는데, 가는 길에 도를 깨우치고 다시 신라로 돌아왔어.

나는 부처의 가르침을 노래에 담았어.

'마음에 거리낌이 없으면 삶과 죽음이 편안하리라.'

노랫말처럼 모든 것은 마음에 달렸어.

나는 이 깨달음을 백성에게 전해 주었고, 불경을 쉽고 바르게 풀어 쓴 책을 많이 냈지. 이러한 나의 노력은 우리나라 불교 발전에 큰 보탬이 되었단다.

*승려 : 부처님의 가르침을 공부하는 사람.

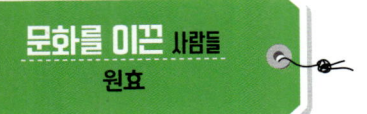

웩, 해골 안의 물을 마셨다니!

원효가 당나라로 공부하러 길을 나섰을 때예요.

하루는 날이 어두워 산속에서 자게 되었지요. 한밤중에 목이 말라 잠이 깼어요. 캄캄한 밤이라서 손을 더듬거려 물을 찾아보니 다행히 얼마 떨어지지 않은 곳에 물이 담긴 바가지가 있었어요.

"아, 정말 시원하다!"

원효는 물을 벌컥벌컥 마시고 다시 잠들었어요.

그런데 아침에 일어나 보니 원효 옆에는 바가지가 아닌 해골이 놓여 있었어요.

해골 안에 있는 물을 마신 거였지요.

"이런! 모르고 먹었을 때는 물맛이 좋더니, 지금은 온갖 더러운 생각에 견딜 수가 없구나! 그래, 모든 일은 생각하기 나름이야. 이것이 바로 부처의 가르침이야."

원효는 큰 깨달음*을 얻었어요. 발걸음을 돌려 다시 신라로 돌아온 원효는 그 깨달음을 많은 사람에게 알리고 불교를 널리 퍼뜨렸답니다.

* **깨달음** : 생각하고 궁리하다가 알게 된 것.

다음 중 원효와 아무 관련이 없는 사람은 누구일까요?

01 의상

02 요석 공주

03 설총

04 요술 공주

생각 키우기

의상은 원효와 함께 신라의 불교를 크게 발전시킨 승려예요. 두 승려는 불교를 공부하려고 당나라로 떠났지요. 가는 길에 원효는 깨달음을 얻고 되돌아왔어요. 그 뒤, **요석 공주와 결혼하여 설총을 낳았지요**. 설총은 '이두 문자'를 정리하여 발전시켰어요. '이두'는 한자의 음과 뜻을 빌려 우리말을 적은 글자랍니다. 한글이 생기기 전에 쓰였지요.

정답 ❹

GUESS 28

외국 - 폴란드
[1867년~1934년]

누구일까요?

첫 번째 힌트	★ 폴란드에서 태어났어요.
두 번째 힌트	★ 프랑스에서 공부했어요.
세 번째 힌트	★ 여자 과학자예요.
네 번째 힌트	★ 노벨상을 두 번이나 탔어요.
다섯 번째 힌트	★ 방사능을 연구했어요.

결정적 힌트 "폴로늄과 라듐을 발견"

과학자

마

ㅁㄹㅋㄹ

● 태어난 곳 : 폴란드 바르샤바   ● 업적 : 플로늄과 라듐 발견.
● 특징 : 1903년 노벨 물리학상, 1911년 노벨 화학상을 받음.

마리 퀴리

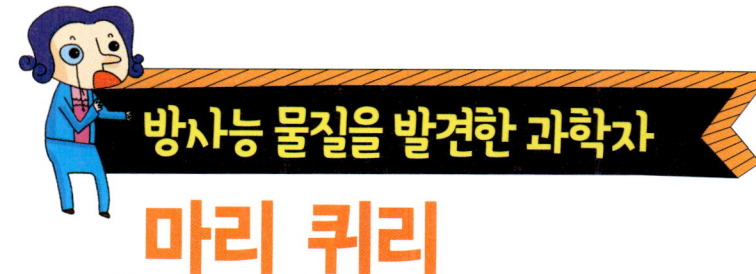
방사능 물질을 발견한 과학자
마리 퀴리

방사능*이란 말 들어 봤니?

내가 새로운 원소를 발견하고 만든 말이야.

나는 러시아의 지배를 받고 있던 폴란드에서 태어났어. 집안이 가난해서 몇 년 동안 가정 교사로 돈을 번 뒤에 가까스로 대학에 들어갈 수 있었단다.

대학에서는 물리학과 수학을 공부했어. 나는 과학자인 남편과 함께 방사능을 연구했어. 끈질긴 연구로 2개의 방사능 물질을 발견했는데 폴로늄과 라듐이란다. 폴로늄은 조국 폴란드를 생각하며 지은 이름이야.

나의 발견은 질병 치료와 공업 발전에 많은 도움을 주었단다. 덕분에 나는 노벨상을 2개나 받았지. 상을 받은 것도 기쁘지만 내 노력이 사람들에게 큰 보탬이 되어 더욱 뿌듯하단다.

*방사능 : 방사선 원소가 빛을 내는 현상이나 성질을 나타내는 말.

과학을 빛낸 사람들
마리 퀴리

새로운 원소를 찾아라!

"아직 알려지지 않은 새로운 원소*가 있는 게 분명해!"

마리 퀴리는 굳게 믿었어요. 그때 다른 과학자들은 '발견되지 않은 원소는 없다.'고 생각했지요.

마리 퀴리는 자기 손으로 새로운 원소를 찾아내고 싶었어요. 하지만 살림이 어려워 낮에는 학교 선생님으로 일하고, 저녁에 집에 돌아와서는 아이들을 돌보며 집안일을 해야 했어요. 그리고 나서 모두 잠든 한밤중이 되어서야 실험을 할 수 있었답니다.

마리 퀴리는 몹시 힘들었지만 연구를 포기하지 않았어요.

"보세요! 빛이 나요. 방사능 물질이에요!"

연구를 시작한 지 4년 만에 마리 퀴리와 남편 피에르는

---

* **원소** : 더 이상 나눌 수 없는 물질.

새로운 원소를 찾아냈어요.
 한 해에 연달아 2개나 말이에요. 바로 스스로 빛을 내는 폴로늄과 라듐이죠.
 마리 퀴리는 여성으로는 처음으로 대학교수가 되었는가 하면, 노벨상을 두 번이나 받은 뛰어난 과학자랍니다.

마리 퀴리에 대한 설명 중 틀린 것은 무엇일까요?

01 방사능 물질을 발견했다.

02 노벨상을 받았다.

03 독립운동을 했다.

04 대학에서 학생들을 가르쳤다.

생각 키우기

마리 퀴리는 끈질긴 실험 끝에 **방사능 물질을 발견**하고, '폴로늄'과 '라듐'이라고 각각 이름을 붙였지요. 방사능이라는 말도 마리 퀴리가 만든 거랍니다. 이 발견으로 마리 퀴리는 **두 차례나 노벨상**을 받았어요. 그리고 남편 피에르가 사고로 세상을 떠난 뒤에는 그를 대신해 **소르본 대학에서 학생들을 가르쳤지요**. 여자 대학교수는 마리 퀴리가 처음이었답니다.

정답 ❸

GUESS 29

외국 - 인도
[1910년~1997년]

누구일까요?

첫 번째 힌트	★ **인도**에서 **수녀**가 되었어요.
두 번째 힌트	★ **노벨 평화상**을 받았어요.
세 번째 힌트	★ **선생님**으로서 아이들을 가르쳤지요.
네 번째 힌트	★ **고아**와 **병자**들의 집을 지었어요.
다섯 번째 힌트	★ **가난한 사람들을 위해 일했어요.**

 **결정적 힌트** "마더 ○○○"

수녀

테 → ㅌㄹㅅ

● 태어난 곳 : 마케도니아공화국 스코페
● 남긴 책 : 『마더 테레사의 아름다운 선물』
● 업적 : 사랑의 선교회 설립.
● 특징 : 노벨 평화상을 받음.

테레사

가난하고 병든 사람을 돌본 수녀
테레사
아녜즈 곤제 보야지우

반갑구나! 나는 인도의 **테레사 수녀***야.

마케도니아공화국에서 태어났는데 열여덟 살에 수녀가 된 뒤로 줄곧 인도에서 살았지.

우리 어머니는 언제나 **가난한 사람**에게 베풀며 사셨단다. 어려서부터 그런 어머니를 보고 자라서일까? 나는 늘 가난한 사람들을 위해 살고 싶었어.

인도에서 **수녀 선생님**으로 아이들을 돌볼 때도 내내 같은 생각이었지. 그때 거리에는 못 먹고 헐벗은 사람들이 너무 많았단다. 나는 가난한 사람들이 모여 있는 곳으로 가서 그들의 **어머니**가 되어 주었어.

씻어 주고, 안아 주고, 기도해 주고…….

당연히 해야 할 일을 했는데 **노벨 평화상**을 주더구나. 모든 사람이 사랑받는 세상이 되었으면 정말 좋겠어.

* **수녀** : 가톨릭교에서 오로지 하느님만을 섬기는 여자.

사랑을 꽃피운 사람들
테레사

아, 하느님의 목소리가 들려!

테레사 수녀가 서른여섯 살 때의 일이에요.

테레사 수녀는 모임에 가려고 기차를 탔어요. 기차에 앉아서도 기도를 했지요.

"이 땅의 모든 사람들에게 은총*을 내려 주세요."

그때 어디선가 들려오는 소리가 있었어요.

"가난한 사람 중에서도 가장 가난한 사람들에게 가라."

테레사 수녀는 눈을 뜨고 두리번거렸어요. 그러나 주위에는 아무도 없었어요.

'하느님의 말씀인 거야.'

테레사 수녀는 그 뜻을 따르기로 굳게 마음먹었어요.

그 뒤, 수녀원을 나와 가난한 사람들이 사는 곳으로 가서

*은총 : 하느님이 사람에게 내리는 사랑.

그들을 보살펴 주었어요.

"병들고 가난한 사람들도 사랑하고 존중해야 합니다."

테레사 수녀는 눈을 감는 날까지 한결같은 마음으로 그들을 사랑으로 돌보았어요. 지금은 수많은 사람들이 그 사랑을 배워 실천하고 있답니다.

테레사 수녀는 스스로 "나는 하느님의 ○○○○이다." 라고 했어요. ○○○○은 **무엇일까요?**

01 몽당연필

02 친한 친구

03 팔과 다리

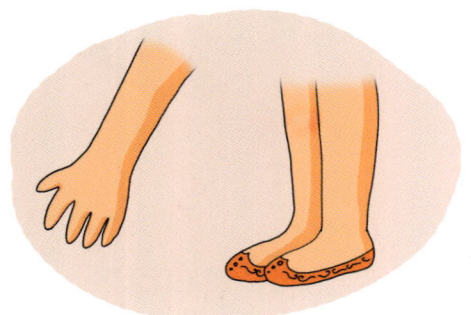

04 철없는 딸

생각 키우기

테레사 수녀는 **자신은 하느님의 '몽당연필'이라고** 했어요. 연필로 글을 잘 쓰거나 그림을 잘 그리면 그것을 쓰거나 그린 사람을 칭찬해요. 연필을 칭찬하지 않고요. 테레사 수녀는 자기가 한 모든 일은 하느님이 시키는 대로 한 것으로 생각했어요. 자기는 그저 하느님이 쓰신 작고 보잘것없는 몽당연필이라며, 칭찬은 하느님이 받아야 한다고 말했답니다.

정답 ❶

GUESS 30

외국 – 프랑스
[1823년~1915년]

누구일까요?

첫 번째 힌트	★ **프랑스** 사람이에요.
두 번째 힌트	★ **혼자 공부**해서 선생님이 되었어요.
세 번째 힌트	★ 곤충을 해부하지 않고 **관찰**해요.
네 번째 힌트	★ **곤충학자**예요.
다섯 번째 힌트	★ '**곤충의 시인**'이라 불러요.

 결정적 힌트 "○○○ 곤충기"

곤충학자, 박물학자

파
프 브 르

● 태어난 곳 : 프랑스 생레옹   ● 남긴 책 : 『곤충기』
● 특징 : 레지옹 도뇌르 훈장 받음.

파브르

생물을 관찰하고 기록한 곤충학자
파브르
장 앙리 파브르

나는 프랑스의 **곤충학자** 파브르야.

곤충을 연구하는 사람이지.

곤충을 어떻게 연구하냐고? 예전에는 곤충 연구라고 하면 으레 곤충을 잡아 현미경으로 들여다본다거나 해부*를 하고 표본*을 만드는 정도였어.

그러나 나는 산과 들로 다니며 **곤충을 있는 그대로 관찰**했어. 무엇을 먹고, 어떻게 살아가는지 지켜본 거야.

곤충은 지금까지 알려진 종류만 해도 100만 종이 넘고, 또 계속 새롭게 **발견**되고 있어. 그러니 내가 할 일이 얼마나 많았겠니? 나는 학교 선생님으로 있으면서 나머지 시간은 모두 곤충을 관찰하는 데 보냈어.

그렇게 연구한 것을 모아 『**곤충기**』라는 책, 10권을 냈지. 이 책은 **곤충의 생태**를 아는 데 큰 도움이 된단다.

* **해부** : 생물을 잘라서 몸속을 들여다보는 일.
* **표본** : 생물의 몸 전체나 그 일부에 적당한 처리를 가하여 보존할 수 있게 한 것.

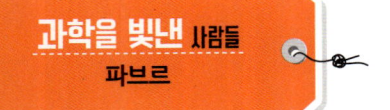

꾸물꾸물 벌레가 그렇게 좋아?

"뭘 하는 거니?"
한 친구가 파브르에게 다가가 물었어요.
"쉿!"
파브르는 개미들이 줄지어 가는 것을 지켜보고 있었어요.
"에잇, 난 또 뭐라고."
친구는 자리를 떠나 버렸어요. 하지만 파브르는 친구가 간 뒤에도 몇 시간을 쭈그리고 앉아 개미들을 관찰했어요. 해가 지고 개미들이 보이지 않을 때까지요. 이 일을 거의 날마다 되풀이했어요.

파브르는 어려서부터 산과 들로 다니며 작은 곤충을 관찰하는 걸 좋아했어요.

곤충은 작은 데다 끊임없이 움직여서 관찰하기가 몹시 어려웠지요. 조금만 소리를 내도 놀라 도망가 버리기 일쑤였거든요. 그러나 파브르는 쉽게 포기하지 않았어요. 끈질기게 지켜보았지요. 그런 참을성*과 관찰력은 파브르가 평생 곤충을 연구하는 데 큰 보탬이 되었어요.

파브르는 관찰한 것을 빠짐없이 『곤충기』에 적었답니다.

*참을성 : 참고 견디는 성질.

파브르는 30여 년에 걸쳐 10권의 책을 썼어요. 책 제목은 **무엇일까요?**

01 끝나지 않는 이야기

02 벌레들의 수다

03 곤충기

04 곤충 왕국

생각 키우기

파브르는 서른한 살 때부터 본격적으로 곤충을 관찰하고 연구했어요. 연구를 통해 알게 된 것은 모두 책에 썼답니다. 그 책이 바로 『곤충기』예요. **『곤충기』에는 곤충에 대한 지식이 가득** 차 있어요. 그런데 조금도 어렵지 않아요. 파브르가 이야기하듯이 쉽게 썼거든요. 『곤충기』를 읽은 사람들은 파브르를 '곤충의 시인'이라고 부른답니다.

정답 ❸

GUESS 31

한국 - 일제 강점기
[1876년~1914년]

누구일가요?

첫 번째 힌트	★ 한글학자예요.
두 번째 힌트	★ 우리말과 글을 가르쳤어요.
세 번째 힌트	★ 한글 연구에 힘썼어요.
네 번째 힌트	★ 보따리를 들고 다녔지요.
다섯 번째 힌트	★ 우리글을 '한글'이라고 이름 지었어요.

 **결정적 힌트** "주보따리 선생님!"

국어학자, 국어 운동가, 교육자

주 → ㅈㅅㄱ

● 태어난 곳 : 황해도 봉산   ● 남긴 책 : 『대한국어문법』, 『말』, 『말의 소리』 등
● 업적 : 한글 연구에 앞장서 우리말과 글의 과학적 기틀을 마련.

주시경

한글을 연구해 보급한 국어학자
주시경

우리글에 '한글'이라는 이름을 붙인 사람이 누구인지 알아? 세종 대왕이라고 생각할지 모르지만 사실은 바로 나, 주시경이야.

나는 어려서부터 우리글을 열심히 공부했어. 어른이 되어서는 우리글이 얼마나 과학적인지, 우리에게 고유의 글자가 있다는 것이 얼마나 자랑스러운 일인지 사람들에게 가르쳤지.

그런데 일본이 나라를 빼앗고는 우리말을 쓰지도, 배우지도 못하게 하지 뭐야. 나는 일본 사람들 몰래 학생들을 가르쳤단다. 책을 보자기에 싸 갖고 다녀서 사람들은 나를 '주보따리'라고 불렀어.

나는 세상을 떠날 때까지 한글의 과학적 기틀*을 마련하고 널리 알리는 데 앞장섰단다.

*기틀 : 어떤 일의 가장 중요한 계기나 조건.

사랑을 꽃피운 사람들
주시경

한글을 가르치면 잡아갈 테다!

일본 사람들은 우리말을 열심히 가르치는 주시경이 못마땅했어요. 그래서 돈을 많이 주겠다며 조선총독부에서 일하라고 꾀었어요. 이에 주시경은 딱 잘라 말했어요.

"내 나라를 빼앗은 일본 사람들 밑에서는 일하지 않소!"

그 뒤로 일본 사람들은 주시경을 뒤쫓아 다니며 감시*하고 못살게 굴었어요.

그러나 주시경의 우리말 사랑은 막지 못했지요.

주시경은 젊은이들에게 우리글과 우리말을 가르쳐 주고, 우리글에 '한글'이라는 이름을 붙였어요.

"'한'에는 '하나'라는 뜻과 '크다'라는 뜻이 있으니 우리글을 하나밖에 없는 큰 글, '한글'이라 부릅시다."

그리고 늘 이렇게 외쳤답니다.

"나라를 사랑하는 마음은 나라의 말과 글을 바르게 아는 데서 우러납니다. 우리말을 바르게 익히고 나라를 사랑합시다."

***감시**: 단속하기 위하여 주의 깊게 살피는 것.

'한글'이라는 이름 전에는 여러 가지로 불렸어요. 불렸던 이름이 아닌 것은 **무엇일까요?**

01 훈민정음

02 언문

03 한문

04 암글

생각 키우기

'**훈민정음**'은 한글이 생겨났을 때의 공식적인 이름으로 '백성을 가르치는 바른 소리'라는 뜻이에요. '훈민정음'을 줄여 '정음'이라고 일컫기도 했지요. 그런가 하면 한문이 아닌 우리 토박이말을 적은 글자란 뜻으로 '**언문**'이라고도 불렸어요. 또 한글은 여자들이나 쓰는 글이란 뜻으로 '**암글**'이라 낮추어 부른 적도 있답니다.

정답 ❸

GUESS 32

외국 - 덴마크
[1805년~1875년]

누구일가요?

- **첫 번째 힌트** ★ 덴마크에서 태어났어요.
- **두 번째 힌트** ★ 어린이를 위해 글을 썼지요.
- **세 번째 힌트** ★ 이야기 짓기를 좋아했어요.
- **네 번째 힌트** ★ 『인어 공주』, 『미운 아기 오리』를 썼어요.
- **다섯 번째 힌트** ★ '동화 나라의 임금님'이라 불려요.

결정적 힌트 "○○○○의 동화"

동화작가, 시인

안
↓
ㅇㄷㄹㅅ

● 태어난 곳 : 덴마크 코펜하겐 오덴세
● 대표 작품 : 『인어 공주』, 『미운 아기 오리』, 『성냥팔이 소녀』, 『빨간 구두』, 『엄지 공주』, 『벌거벗은 임금님』 등

안데르센

동화의 아버지로 불리는 작가
안데르센
한스 크리스티안 안데르센

『인어 공주』 이야기 알아?

『미운 아기 오리』, 『벌거벗은 임금님』은?

그 이야기를 지은 사람이 바로 나, 안데르센이야.

아버지는 내가 어릴 적에 손수 만든 인형으로 재미난 인형극을 보여 주고, 가끔은 극장에 데리고 가서 연극도 보여 주었어. 안타깝게도 일찍 돌아가셨지만 말이야.

나는 집이 가난해 학교에 다닐 수 없었어. 다행히 이웃집 아주머니의 배려*로 책은 실컷 읽을 수 있었단다. 얼마나 기뻤던지! 나는 혼자서 인형극을 만들어 보기도 하고, 이야기를 지어 보기도 했어.

그러다 열네 살에 혼자 도시로 떠났단다. 낯선 곳에서 외로움을 참아 내며 열심히 동화를 썼지. 내가 쓴 130여 편의 동화는 지금도 꾸준히 사랑받고 있단다.

* 배려 : 도와주거나 보살펴 주는 마음.

알나리깔나리,* 안데르센 좀 보래요!

"남자가 인형 가지고 논대요, 알나리깔나리!"
"입만 열면 거짓말을 한대요, 거짓말쟁이래요."
아이들은 안데르센을 놀리고 같이 놀아 주지 않았어요.
안데르센은 여자아이처럼 예쁜 목소리를 가진 데다 자기가 만든 인형으로 이야기를 지어 **인형극 놀이**를 했거든요. 안데르센은 늘 혼자였답니다. 커서도 마찬가지였어요.
비평가*들은 안데르센이 **가난한 집안**에서 자란 데다 학교에 다니지 않았다는 이유로 안데르센의 글을 마구 헐뜯었어요. 그러나 안데르센은 **끊임없이** 글을 쓰고 또 썼어요. 늦게 학교에 들어가 공부도 열심히 했고요.
안데르센이 꾸준히 동화를 써내자 그의 이야기를 좋아하

---

* **알나리깔나리**: 아이들이 남을 놀릴 때 쓰는 말로, '얼레리꼴레리'가 여기에서 나온 말.
* **비평가**: 좋고 나쁨, 옳고 그름을 평가하는 사람.

는 사람들이 점차 늘어났어요.

　마침내 안데르센은 '동화 나라의 임금님'이라 불리며 전 세계에 이름을 떨치게 되었답니다.

　멋진 백조가 되어 눈부시게 날아오른 미운 아기 오리처럼 말이에요.

안데르센은 많은 동화를 지었어요. 안데르센이 지은 동화가 아닌 것은 무엇일까요?

01 인어 공주

02 벌거벗은 임금님

03 짱구는 못 말려

04 엄지 공주

생각 키우기

안데르센은 시와 여행기, 희곡, 소설 등 여러 가지 글을 썼어요. 그러나 동화 작가로 가장 널리 알려져 있지요. 대표적으로 『인어 공주』, 『벌거벗은 임금님』, 『엄지 공주』 등이 있어요. 그의 첫 동화집은 1835년에 나왔어요. 그 뒤, 해마다 크리스마스가 되면 새로운 책을 냈어요. 어린이를 위한 책이 거의 없을 때라서 그의 책은 어린이들에게 많은 사랑을 받았답니다.

정답 ❸

GUESS 33

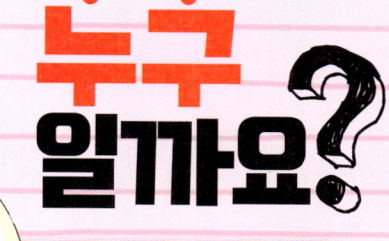

외국-이탈리아
[1451년~1506년]

누구일까요?

첫 번째 힌트	★ **이탈리아** 사람이에요.
두 번째 힌트	★ **모험**과 **탐험**을 좋아했지요.
세 번째 힌트	★ **항해사**가 꿈이었어요.
네 번째 힌트	★ 새로운 뱃길을 찾아 떠났어요.
다섯 번째 힌트	★ '콜럼버스의 달걀'로 알려졌죠.

 결정적 힌트 "**아메리카 대륙**을 발견했어요."

탐험가, 항해사

콜

↓

ㅋㄹㅂㅅ

● 태어난 곳 : 이탈리아 제노바   ● 업적 : 아메리카 대륙 발견.

콜럼버스

신대륙을 발견한 탐험가
콜럼버스
크리스토퍼 콜럼버스

아메리카 대륙을 아니?

지금 미국이 있는 땅이 아메리카야. 내가 발견했지.

나는 어려서부터 **모험**을 좋아했어. 그래서 **항해사**가 되었단다. 옛날 사람들은 바다 끝에 낭떠러지가 있다고 생각했어. 하지만 나는 **지구는 둥글어서** 같은 방향으로 계속 배를 타고 가면 새로운 땅이 나올 거라 믿었지.

1492년 8월 3일, 나는 **서쪽**을 향해 나아갔어. 하지만 바다는 가도 가도 끝이 보이지 않았지. 선원*들은 지쳐 갔고, 불안에 떨었어.

"조금만 더 버팁시다. 곧 육지가 나올 겁니다."

나는 **굳은 믿음**으로 그들을 격려했어.

"육지다, 육지야!"

마침내 나는 **새로운 땅**을 발견했어. 그 땅이 바로 아메리카 대륙이란다.

---

*__선원__ : 배를 몰거나 배에서 일하는 사람.

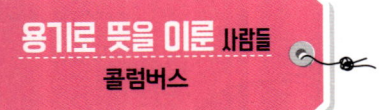

달걀을 세우라고?

콜럼버스가 아메리카 대륙을 발견하고 돌아왔을 때였어요.

"그저 배를 타고 서쪽으로 갔을 뿐이잖아!"

이렇게 비웃는 사람들이 있었어요. 콜럼버스는 그 사람들 앞에 달걀 하나를 꺼내 놓고 물었어요.

"누가 이 달걀을 탁자 위에 세워 보겠소?"

사람들은 달걀을 세워 보려고 낑낑거렸어요. 그러나 누구도 달걀을 세울 수 없었지요.

콜럼버스는 달걀을 집어 들고 한쪽을 톡톡 깨뜨렸어요. 밑바닥이 납작해진 달걀은 쉽게 세워졌어요.

"엉터리! 그렇게는 누가 못하겠소?"

사람들의 말에 콜럼버스가 대답했어요.

"그럼 왜 그렇게 하지 않으셨나요? 남이 한 걸 보고 따라 하기는 쉽지요. 하지만 남이 하기 전에 처음으로 하기는 어려운 법입니다."

콜럼버스는 남들이 바다 끝은 낭떠러지라 믿고 두려워할 때 서쪽으로 나갔어요. 그리고 아메리카 대륙을 발견했죠. 해 보지 않고 포기*하면 아무것도 이룰 수 없답니다.

*포기 : 하려던 일을 도중에 그만두는 것.

콜럼버스가 먼바다로 떠나려 하자 모두 반대했어요.
왜 그랬을까요?

01 가족을 떼어 놓고 혼자만 가니깐

02 배를 몬 적이 없어서

03 바다 끝은 낭떠러지라 믿어서

04 바닷물이 너무 짜서

생각 키우기

옛날 사람들은 지구가 네모나게 생겨서 바다 끝에 낭떠러지가 있는 줄 알았어요. 그래서 콜럼버스가 먼바다로 나가려 하자 모두 반대했지요. 하지만 콜럼버스는 '지구는 둥글다. 계속 배를 타고 나아가면 새로운 땅을 만나게 될 것이다.'라고 믿었어요. 그리고 1492년에 항해를 떠나 마침내 아메리카 대륙을 발견했답니다.

GUESS 34

외국-이탈리아
[1452년~1519년]

누구일까요?

첫 번째 힌트	★ 이탈리아에서 태어났어요.
두 번째 힌트	★ 큰 건물을 설계했어요.
세 번째 힌트	★ 대포를 발명하기도 했어요.
네 번째 힌트	★ 화가이자 조각가예요.
다섯 번째 힌트	★ 〈최후의 만찬〉을 그렸어요.

 결정적 힌트 "〈모나리자〉를 그렸어요."

예술가

다 → ㄷㅂㅊ

● 태어난 곳 : 이탈리아 피렌체
● 대표 작품 : 〈최후의 만찬〉, 〈수태고지〉, 〈모나리자〉 등

다빈치

〈모나리자〉를 그린 천재 예술가
다빈치
레오나르도 다빈치

내가 **훌륭한 화가**가 될 수 있었던 것은 **관찰력**이 뛰어났기 때문이야.

나는 스무 살에 그림 공부를 마치고 〈모나리자〉, 〈최후의 만찬〉과 같은 그림을 그렸어. 사람들은 내 그림이 **살아 움직이는 것 같다**며 감탄했지.

나는 조각도 하였고, 아름다운 **건물을 설계***하기도 했어.

어떤 사람들은 나를 **과학자**라고 부르기도 해. 내가 **대포**와 **전차**를 발명했거든. 새가 나는 모습을 본떠 **헬리콥터**를 처음 생각해 낸 것도 바로 나야.

그래서 이 나라, 저 나라 왕들이 서로 나를 데려가려고 했지. 나는 한때 프랑스 궁정에서 그림을 그리기도 했어. 나의 그림은 지금도 **프랑스 박물관**에 걸려 있단다.

***설계** : 건축 등에서 그 목적에 따라 실제적인 계획을 세워 도면으로 그리는 일.

〈모나리자〉, 서른 번이나 덧칠했다고?

　사람들은 다빈치가 그린 〈모나리자〉를 볼 때면 눈을 떼지 못했어요. 모나리자의 보일 듯 말 듯 웃는 모습에 모두 넋이 나갔지요. 사람들은 그 신비로운 웃음의 비밀을 알고 싶어 했어요.

　그 비밀은 바로 오랜 시간이었어요. 다빈치는 1503년에 〈모나리자〉를 그리기 시작해 1519년에 끝냈어요. 가는 붓으로 조심스럽게 서른 번이나 그림에 색을 입히느라 16년이나 걸린 거예요.

　그의 정성스러운 붓질로 〈모나리자〉는 세상에서 가장 아름다운 그림이 된 것이지요.

　다빈치는 벽화*〈최후의 만찬〉을 그릴 때도 10년 동안 온 정성을 기울였어요. 이 그림을 그릴 때는 온종일 밥 먹는 것도 잊어버릴 정도였답니다.

　레오나르도 다빈치는 천재이기 이전에 열심히 노력한 예술가였어요.

* **벽화** : 벽에 장식으로 그린 그림.

레오나르도 다빈치가 한 일이 아닌 것은 무엇일까요?

01 그림을 그렸어요.

02 건물을 설계했어요.

03 씨 없는 수박을 만들었어요.

04 여러 물건을 발명했어요.

생각 키우기

레오나르도 **다빈치는 엉뚱한 물건을 만드는 데 많은 시간**을 보냈어요. 특히 하늘을 날 수 있는 기계를 만들고 싶어 했지요. 그래서 새와 박쥐가 나는 모습을 관찰해 박쥐 모양의 날개를 단 비행기를 만들었어요. 다빈치는 이 비행기를 '거대한 새'라고 했지요. 비록 '거대한 새'는 날지 못했지만 수백 년이 지난 뒤, 지금의 비행기를 만드는 데 큰 도움이 되었어요.

정답 ❸

외국 - 영국
[1820년~1910년]

GUESS 35

누구일까요?

첫 번째 힌트	★ **영국** 사람이에요.
두 번째 힌트	★ **군대**를 따라 **전쟁**에 나갔어요.
세 번째 힌트	★ 밤낮으로 **부상자**를 돌봤어요.
네 번째 힌트	★ **간호 학교**를 세웠어요.
다섯 번째 힌트	★ 간호사는 '나이팅게일 선서'를 해요.

 **결정적 힌트** "등불의 여인, 백의의 천사"

간호사

나

↓
ㄴㅇㅌㄱㅇ

● 태어난 곳 : 이탈리아 피렌체
● 업적 : 간호하는 것을 전문 직업으로 만듦. 1860년에 세계 최초 간호 학교를 세움.

나이팅게일

간호학의 기초를 다진 간호사
나이팅게일
플로렌스 나이팅게일

병원에 **간호사**가 없다면 어떻게 될까?

내가 살던 때는 지금처럼 제대로 교육받은 간호사가 없었단다. 환자를 돌보는 일을 아주 하찮게 생각했거든. 하지만 내 생각은 달랐어.

"**환자**를 돌보는 일은 중요해."

나는 부모님의 반대를 무릅쓰고 간호사가 되었지.

그리고 군대를 따라 **전쟁터**로 갔어. 여자 간호사가 전쟁터에 나간 것은 내가 처음이었단다. 나는 부상자*의 몸과 주변을 깨끗하게 하고 **정성껏 간호**했어. 그랬더니 죽는 사람이 반으로 줄었지 뭐야. 그 일로 많은 사람이 간호사가 얼마나 중요한 일을 하는지 알게 되었어.

그 뒤, 나는 **간호 학교**를 세워 훌륭한 간호사를 길러 내는 데 온힘을 쏟았단다.

* **부상자** : 몸에 상처를 입은 사람.

사랑을 꽃피운 사람들
나이팅게일

이 세상에 간호사가 없다면?

"뭐라고, 간호사가 되겠다고?"

부모님은 깜짝 놀라 물었어요.

"네, 전쟁터에서 죽어 가는 사람들을 돌보겠어요."

나이팅게일은 침착하게 말했어요.

"절대 안 돼!"

부모님은 곱게 키운 딸이 병자들의 상처를 만지는 험한 일을 하도록 내버려 둘 수 없었지요. 하지만 나이팅게일은 뜻을 굽히지 않고 전쟁터로 달려갔어요. 그러고는 부상자들을 열심히 간호했지요.

"힘내세요. 상처가 아물면 곧 집으로 돌아갈 수 있어요."

크게 다쳐 희망을 잃고 누워 있던 사람들은 나이팅게일

의 간호를 받고 용기를 얻었어요.

　나이팅게일은 밤낮을 가리지 않고 부상자를 돌봤어요. 깜깜한 밤에는 등불을 들고 병실을 돌아다니며 아픈 사람들을 간호했어요. 그래서 '등불의 여인', '백의*의 천사'라고 불렸지요. 지금도 아픈 사람을 위해 최선을 다하는 간호사를 '백의의 천사'라고 부르곤 한답니다.

*백의 : 흰 옷을 뜻하는 한자말.

간호사가 되려면 '나이팅게일 선서'를 해요. 다음 중 그 내용은 어느 것일까요?

01 꼭 등불을 들고 다니겠다.

02 부모님 말씀을 듣지 않겠다.

03 전쟁터를 찾아다니겠다.

04 온 마음을 다해 정성껏 간호하겠다.

생각 키우기

간호사가 되려는 사람은 간호사로서 첫발을 내딛을 때 여러 사람이 지켜보는 앞에서 '나이팅게일 선서'를 해요. 사람의 목숨에 해로운 일은 절대 하지 않고, 간호 수준을 높이기 위해 있는 힘을 다하며, 간호하면서 알게 된 환자의 사정을 비밀로 하고, **간호받는 사람들에게 헌신하겠다는 내용을 담아 간호사로서 최선을 다할 것을 다짐**하는 거랍니다.

정답 ❹

GUESS 36

한국 - 고려
[1329년~1398년]

누구일가요?

첫 번째 힌트	★ 고려 시대 학자예요.
두 번째 힌트	★ 중국에 사신으로 갔어요.
세 번째 힌트	★ 백성이 겨울에 따뜻하게 살길 바랐지요.
네 번째 힌트	★ 이 사람 덕분에 솜옷을 입게 되었죠.
다섯 번째 힌트	★ 목화씨를 몰래 들여왔어요.

결정적 힌트 "목화씨를 붓두껍에 숨겼어요."

학자

문
↓
ㅁ ㅇ ㅈ

● 태어난 곳 : 경상남도 산청군
● 특징 : 중국 원나라에서 목화씨를 가져와 재배, 널리 퍼뜨림.

문익점

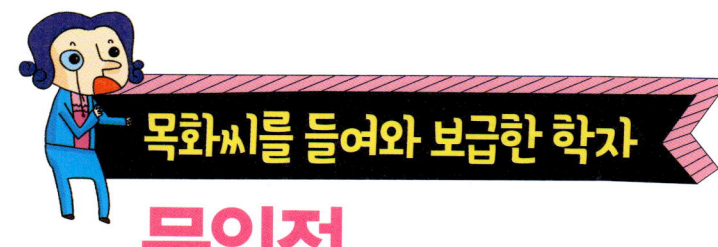

문익점

너희는 겨울에 어떤 옷을 입니?

내가 살던 고려 시대는 옷을 만드는 재료가 다양하지 않았어. 그래서 부자들 빼고는 대부분의 백성들이 겨울에도 엉성하게 짠 삼베옷을 입었단다. 그러니 얼마나 추웠겠니? 추위에 떠는 백성을 생각하면 늘 마음이 아팠어.

그러다 중국 원나라에 갔을 때 목화*를 보게 되었단다. 목화가 있으면 따뜻한 옷을 만들어 입을 수 있었어. 하지만 원나라는 나라 밖으로 목화씨를 가져가는 걸 허락하지 않았어. 나는 목화씨를 몰래 가져왔어.

목화에서 뽑아낸 무명과 솜 덕분에 수많은 백성이 겨울을 좀 더 따뜻하게 지낼 수 있게 되었단다. 그래서 나는 '헐벗은 백성에게 옷을 입힌 사람'이라고 불려.

* **목화** : 열매가 성숙하면 긴 솜털이 달린 종자가 나오는데, 털은 모아서 솜을 만들고 종자는 기름을 짬.

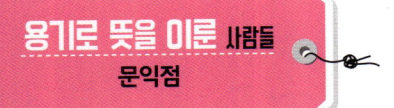

꼭꼭 숨어라, 목화씨

문익점이 중국 원나라에 갔을 때였어요. 눈이 쌓인 것처럼 새하얀 벌판이 보였어요.

'아니, 이 마을은 우리나라보다 더운데 저게 뭐지?'

가까이 가 보니 꽃이었어요.

'아, 목화였구나!'

문익점은 책에서 본 적이 있는 목화를 보고 무척 기뻤어요. 목화는 솜을 만들 수 있는 귀한 식물이거든요.

문익점은 얼른 목화씨를 따서 감췄어요. 중국에서는 목화씨 하나라도 나라 밖으로 가져가지 못하게 막았거든요.

문익점은 목화씨를 어디다 숨길까 고민했어요.

'그래, 붓두껍*에 숨기자. 이건 열어 보지 않을 거야.'

* 붓두껍 : 붓촉에 끼워 두는 뚜껑.

 문익점이 중국을 떠나는 날, 중국 사람들은 문익점의 짐을 샅샅이 뒤졌어요. 그러나 붓두껍 속에 숨긴 목화씨를 찾아내지는 못했죠.

 문익점은 목화씨를 잘 키워 나라 곳곳에서 재배했어요. 그 뒤로 가난한 사람도 따뜻한 옷을 입을 수 있게 되었답니다.

목화에서 실을 뽑아내는 기구를 '물레'라고 해요. 그 이유는 무엇일까요?

01 '몰래' 가져와서 [몰래 → 물레]

02 기구를 만든 사람의 이름이 '문래' [문래 → 물레]

03 '실을 뽑는다'는 뜻의 중국말이 '물레'

04 기구 이름을 몰라 [몰라 → 물레]

생각 키우기

목화에서 실을 뽑는 기계를 만든 사람 이름이 '문래'예요. 그래서 그 기계를 '문래'라고 불렀고 그것이 변하여 '물레'가 되었답니다. 문래는 문익점의 손자예요. 할아버지가 목화에서 실을 뽑느라 애쓰는 것을 보고 기계를 만들었지요. 그런가 하면 목화에서 뽑은 실을 '무명'이라고 하는데, 무명 역시 문익점의 손자 이름인 '문영'에서 따온 거랍니다.

GUESS 37

누구일까요?

한국 - 신라
[알려지지 않음~846년]

- **첫 번째 힌트** ★ **신라 시대** 사람이에요.
- **두 번째 힌트** ★ 활을 잘 쏘고 **무예**가 뛰어났어요.
- **세 번째 힌트** ★ **당나라** 군대 **장군**이 되었지요.
- **네 번째 힌트** ★ 신라로 돌아와 **해적**을 물리쳤어요.
- **다섯 번째 힌트** ★ 바다를 오가며 무역을 펼쳤어요.

결정적 힌트 "바다의 왕 ○○○"

장군, 무역가

장
↓
ㅈㅂㄱ

- **특징** : 스무 살 즈음에 당나라로 건너가 장군이 됨.
- **업적** : 당나라 신라방에 법화원이라는 절을 세움, 해적을 물리치기 위해 청해진을 설치, 청해진을 동아시아 무역 중심지로 만듦.

장보고

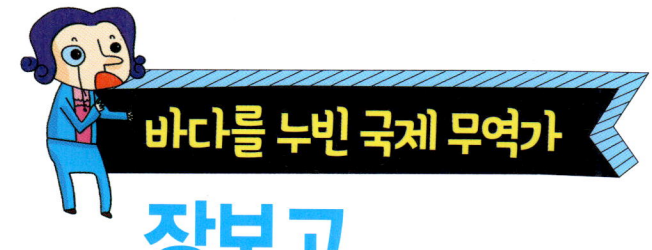

장보고

나는 신라 시대 사람이야.

그런데 청년일 때 고향을 떠나 당나라로 가서 그곳의 장군이 되었어. 신라 사람이 당나라 장군이 되기는 쉽지 않았는데, 나는 어려서부터 활을 잘 쏘고 무예가 뛰어나 장군이 될 수 있었지.

그렇다고 내 마음이 마냥 좋았던 건 아냐. 신라 사람들이 해적에게 붙잡혀 노예로 팔리고 있었거든. 낯선 땅에서 갖은 고생을 하는 그들의 모습에 마음이 너무 아팠어.

나는 신라로 돌아와 해적들을 모두 무찔렀어. 다시는 신라 사람들을 붙잡아 가지 못하게 말이야.

그리고 나서 바다를 자유롭게 오가며 활발한 무역*을 펼쳤지. 그래서 '바다의 왕 장보고', '무역왕 장보고'라고 불린단다.

*무역 : 나라와 나라끼리 물건을 사고파는 일.

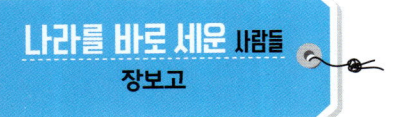
나라를 바로 세운 사람들
장보고

바다의 도둑, 해적을 무찔러라!

"더는 참을 수 없다!"

장보고는 주먹을 불끈 쥐고 신라 임금을 찾아갔어요.

"해적이 바다를 차지하고 우리 물건을 빼앗아 갈 뿐만 아니라 백성을 붙잡아 가서는 노예로 팔고 있습니다. 제게 군사를 주시면 해적을 물리치겠습니다."

해적들 때문에 걱정이 많던 임금은 장보고에게 군사를 내주었어요.

장보고는 해적에 맞설 수 있도록 군사를 훈련시켰어요. 잘 훈련된 군사들은 단숨에 해적을 물리쳤지요.

장보고의 활약*이 얼마나 대단했는지 해적들은 '장보고'라는 이름만 들어도 벌벌 떨었어요. 장보고가 있는 바다에

---

* **활약** : 활발하게 활동하는 것.

서 예전처럼 마음대로 할 수 없게 되자 해적들은 멀리 도망가 버렸지요.

바다의 왕 장보고 덕분에 신라 사람들이 노예로 끌려가는 일이 없어졌어요. 또 신라는 물론 일본, 중국 사람들도 마음 편히 바다를 오고 가며 물건을 사고팔아 무역이 크게 발전했답니다.

바다의 왕 장보고가 한 일이 아닌 것은 무엇일까요?

01 당나라 장군이 되었다.

02 해적을 무찔렀다.

03 다른 나라와 장사를 했다.

04 돌고래를 훈련했다.

생각 키우기

장보고는 **당나라로 건너가 그곳에서 장군이 되었어요**. 당나라에는 장보고 말고도 신라 사람들이 많았지요. 하지만 신라 사람들은 거의 해적에게 노예로 붙잡혀 온 터라 고생이 심했어요. 신라로 돌아온 장보고는 **해적들을 깨끗하게 무찔러** 버렸어요. 그리고 해적이 사라진 바다를 자유롭게 오고 가며 **일본, 중국과 활발하게 무역**을 했답니다.

정답 ❹

GUESS 38

외국 - 스위스
[1746년~1827년]

누구일까요?

첫 번째 힌트	★ **스위스** 사람이에요.
두 번째 힌트	★ **가난한 아이들**을 돌봤지요.
세 번째 힌트	★ **고아들**에게 **아버지**가 되어 주었어요.
네 번째 힌트	★ **교육**에 대한 **책**을 썼어요.
다섯 번째 힌트	★ **학교를 세웠어요.**

결정적 힌트  "아이들은 사랑으로 가르쳐야 합니다."

교육자

페
↓
ㅍ ㅅ ㅌ ㄹ ㅊ

● 태어난 곳 : 스위스 취리히 ● 업적 : 어린이 교육에 대한 바른길을 보여 줌.
● 남긴 책 : 『은자의 황혼』, 『라인하르트와 게르트루트』, 『백조의 노래』

235

페스탈로치

신교육의 기초를 다진 교육자
페스탈로치
요한 하인리히 페스탈로치

어렵거나 하기 싫은 공부를 억지로 한 적은 없니?

나는 아이들을 그렇게 가르치면 안 된다고 생각하는 사람이야. 나는 페스탈로치, 스위스의 교육자*야.

내가 어렸을 때, 선생님들은 이해하지 못하는 내용을 무조건 외우라고 했어. 나는 그게 너무 싫었단다. 우리 할아버지는 그렇게 가르치지 않으셨거든. 내가 직접 해 보고 스스로 깨우칠 때까지 기다려 주셨지.

나는 전쟁으로 집과 부모를 잃고 혼자가 된 고아들을 돌보면서 그들을 가르쳤어. 사랑과 믿음, 경험을 통한 교육 방법을 실천하면서 늘 바른 교육은 무엇인지 고민하고, 그에 대한 책도 썼지.

내 책은 많은 선생님과 학교 교육이 바뀌는 데 도움을 주었단다.

* **교육자** : 가르치는 일을 맡아 하는 사람.

사랑을 꽃피운 사람들
페스탈로치

고아를 데려다 부려먹는다고?

"어머, 정말 나쁜 사람이잖아!"

"그러게, 집 없는 아이들을 데려다 일을 시키다니!"

사람들이 페스탈로치를 손가락질했어요.

사실 페스탈로치는 아이들에게 공부를 가르치고 있었던 거예요. 다만, 평범한 학교에서 그렇듯이 책상에 책을 펴 놓고 가르치지 않았을 뿐이지요.

페스탈로치는 아이들이 놀면서, 일하면서 자기 수준*에 맞춰 배우는 것이 가장 좋다고 생각했어요. 그래서 옷감 짜기나 농사일도 아이들과 함께했지요.

전쟁이 끝나고 나서 많은 아이들이 부모를 잃고 길거리를 헤맸어요.

---

* **수준** : 가치나 등급을 정할 때 기준이 되는 정도.

　페스탈로치는 가진 게 별로 없었지만 고아들을 자기 집으로 데려와 돌봤어요. 그러면서 공부도 가르쳤지요. 아이들은 잘 따랐어요. 그러나 사람들은 그걸 이해하지 못했지요.
　페스탈로치는 자기 생각을 책으로 썼어요. 그 책이 널리 읽힌 뒤에야 페스탈로치는 참된 선생님으로 인정받았답니다.

페스탈로치는 '어린이는 ○○으로 크고, ○○을 꼭 주어야 한다.'고 했어요. **무엇일까요?**

01 사탕

02 사랑

03 용돈

04 과자

생각 키우기

페스탈로치는 **사랑이야말로 어린이들에게 가장 중요한 것**이라고 생각했어요. 공부를 가르칠 때도 무조건 외우게 하거나 억지로 시켜서 하는 것보다 여러 경험을 통해 스스로 배워 나가도록 이끌어 주어야 한다고 했지요. 어린이를 사랑한 페스탈로치는 고아나 가난한 아이들을 보살피며 바른 교육의 길을 직접 보여 주었답니다.

정답 ❷

GUESS 39

한국 - 일제 강점기
[1899년~1931년]

누구일까요?

첫 번째 힌트	★ 3.1운동에 참여했어요.
두 번째 힌트	★ 동화를 지었어요.
세 번째 힌트	★ 아동 잡지를 만들었어요.
네 번째 힌트	★ '어린이'라는 말을 만들었어요.
다섯 번째 힌트	★ 어린이를 사랑했어요.

 "어린이날을 만들었어요."

아동문학가

방

↓

ㅂ ㅈ ㅎ

● 태어난 곳 : 서울
● 업적 : '어린이'라는 말과 '어린이날'을 만듦, 아동 잡지 창간.

방정환

방정환

어린이날이 언제인 줄 알아? 그래, 5월 5일이지.

어린이날은 1923년에 처음으로 만들어졌어. 어린이 문화 운동 단체인 '색동회'가 만들었는데, 그전에는 어린이날은 커녕 '어린이'라는 말도 없었단다.

'어린이'란 '어린 사람'이라는 뜻이야. 사람은 누구나 나이가 많든 적든 똑같이 존중받아야 해. 그런데 어린이들을 하찮게 보고 마구 대하는 어른들이 적지 않았어. 그런 어른들을 볼 때마다 내 마음은 너무 아팠단다.

그래서 나는 우리나라 최초의 순수 아동 잡지『어린이』를 만들어 아동 보호 운동을 펼쳐 나갔단다. 평생을 어린이를 사랑하고, 또 어린이를 위해 일하며 살았어.

어른들이 어린이의 소중함을 알고, 어른과 어린이가 다 함께 행복하게 살면 참 좋겠어.

사랑을 꽃피운 사람들
방정환

일본 경찰이 울었다고?

"자, 오늘은 어떤 이야기를 할까?"

방정환은 아이들을 모아 놓고 자주 동화를 들려주었어요.

'흥, 아이들 앞에서 일본을 욕하거나 독립 이야기만 해 봐라. 당장 붙잡아 가고 말겠다.'

일본 경찰은 늘 방정환을 감시하러 왔어요.

방정환은 두 팔이 없는 아이가 부모에게 버림받은 뒤에 어렵게 살아가는 이야기를 들려주었어요. 아이들은 눈물을 흘리며 들었어요.

'이런 유치한 이야기를 듣고 울다니, 쯧쯧.'

일본 경찰은 우는 아이들을 흉보았어요. 그런데 이야기가 계속되자 어느 순간 자신들도 이야기에 푹 빠져 버렸지요.

그리고 두 팔이 없는 아이가 서커스단에 들어가 구박받는 이야기가 나오자 그만 눈물을 뚝뚝 흘리고 말았어요.

일본 경찰은 방정환을 잡아가기는커녕 크게 감동하여 돌아갔어요. 그 뒤로 방정환은 일본 경찰을 울린 이야기꾼으로 소문이 났답니다.

방정환의 호(다른 이름)는 '소파'예요. 왜 그렇게 지었을까요?

01 소파처럼 편안한 사람이 되고 싶어서

02 소파에서 노는 아이들을 좋아해서

03 어린이를 위한 소파(작은 물결)가 되고 싶어서

04 별 뜻 없이 그냥

생각 키우기

방정환의 호, '소파'는 의자를 가리키는 말이 아니라 **'작은 물결'이라는 뜻의 한자말이에요.** 작은 물결이 번지고 번져 큰 물결을 이루듯, 자신의 작은 노력이 큰 **물결이 되어 어린이들이 살기 좋은 세상이 되길** 꿈꾸었던 거지요. 세상을 떠날 때까지 어린이를 위해 일한 방정환이 마지막으로 남긴 말은 "어린이들을 부탁하네."였답니다.

정답 ❸

GUESS 40

한국 - 조선
[태어나고 죽은 날이 알려지지 않음]

누구일까요?

첫 번째 힌트	★ 조선 시대 사람이에요.
두 번째 힌트	★ 백두산을 열일곱 번이나 올랐어요.
세 번째 힌트	★ 지도에 관심이 많았어요.
네 번째 힌트	★ 바르고 자세한 지도를 만들려 했지요.
다섯 번째 힌트	★ 평생을 바쳐 지도를 만들었어요.

결정적 힌트 "〈대동여지도〉를 만들었어요."

지리학자

김

ㄱ ㅈ ㅎ

● 태어난 곳 : 황해도
● 업적 : 평생 전국을 돌아다니며 자료를 모아 지도를 만듦, 〈청구도〉, 〈대동여지도〉, 〈대동지지〉 등을 남김.

김정호

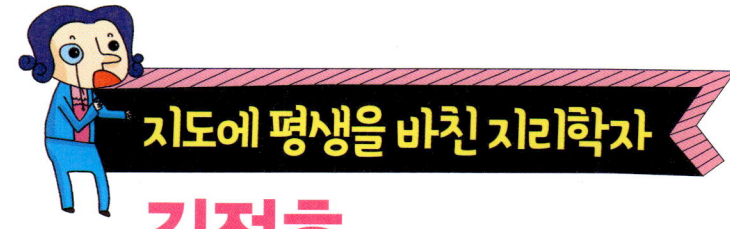

지도에 평생을 바친 지리학자
김정호

너희가 사는 마을이 어떻게 생겼는지 아니?

우리나라 땅은 어디부터 어디까지일까?

나는 어려서부터 이런 것들이 너무 궁금했단다. 하지만 **지도**가 많지 않을 때라 가난했던 나는 구경하기도 어려웠어.

한번은 어떤 아저씨가 지도를 가지고 있다기에 한걸음에 달려가 보여 달라고 졸랐어. 그런데 이런! 아저씨는 귀한 지도라고 조심스럽게 보여 줬는데 내가 보니 순 **엉터리**지 뭐야!

"우리 마을 산은 여기가 아닌데…… 길은 이쪽인데……."

나는 정확한 지도를 그려야겠다고 다짐했어. 그리고 지도 그리기에 **평생**을 바쳤지.

내가 그린 〈대동여지도〉는 오늘날 인공위성*으로 내려다본 모습과 크게 다르지 않단다. 정말 대단하지?

---

* **인공위성**: 지구에서 하늘로 쏘아 올려 우주 밖에서 지구를 도는 물체.

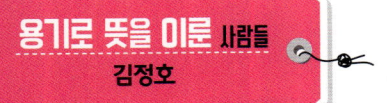

발로 지도를 그렸다고?

"아냐, 아냐, 이쪽에서 이쪽까지는 500걸음이었어. 그러니까 이쪽하고 더 가까워."

김정호는 혼자 중얼거리며 지도를 고쳐 나갔어요.

"여기에 길이 있었던가?"

지도를 그리다 모르는 게 나오면 반드시 다시 가서 꼼꼼하게 살펴보았고요.

바른 지도를 그리겠다고 다짐한 뒤로 김정호는 온 나라를 샅샅이 조사하고 다녔어요. 강과 산의 위치는 물론 길은 어디에서 어디로 나 있는지, 마을은 어디에 있는지 하나도 빠뜨리지 않았어요. 어지간한 사람은 한 번도 오르기 어려운 백두산*을 몇 차례나 올라갔지요.

* **백두산** : 우리나라에서 가장 높은 산.

 한 발, 한 발 걸어 다녀 발은 온통 부르트고 물집이 잡혔어요. 한번 집을 떠나면 몇 년 동안 돌아오지 못했고요.
 그렇게 온 정성을 다해 만든 지도가 바로 〈대동여지도〉예요. 김정호는 우리나라 지리학* 발전에 큰 도움을 주었답니다.

* **지리학** : 땅과 관련한 모든 것을 공부하는 학문.

김정호는 〈대동여지도〉를 어떻게 그렸을까요?

01 옛날 지도를 보고 예쁘게 고쳐서

02 직접 걸어서 구석구석 돌아다녀 보고

03 아이들이 이불에 싼 오줌 모양을 보고

04 사람들 이야기를 듣고 대충

생각 키우기

김정호는 정확한 지도를 그리고 싶었어요. 하지만 옛날 지도들은 잘못된 곳이 많았어요. 좀 더 자세하고 올바른 지도를 그리기 위해 김정호는 **나라 안 구석구석을 직접 돌아다녔어요**. 눈으로 보고 길이를 재서 잘못된 곳을 바로잡아 가며 지도를 만들었어요. 무척 힘들고 오랜 시간이 걸렸지요. 김정호는 평생을 바쳐 〈대동여지도〉를 만들었답니다.

누구일까요?

인물백과

☆ 인물 백과 독후 활동
☆ 시대별 주요 사건
☆ 한눈에 보는 인물
☆ 찾아보기

인물 백과 독후 활동

인물 백과를 재미있게 읽었나요? 다음 물음에 OX 해 보세요.

① 노벨은 전쟁에서 승리하기 위해 다이너마이트를 만들었다. (   )

② 우리나라 첫 번째 여왕은 선덕 여왕이다. (   )

③ 원효는 해골바가지에 고인 물을 마시고 식중독에 걸렸다. (   )

④ 우리글에 '한글'이라는 이름을 붙인 사람은 세종 대왕이다. (   )

⑤ 뉴턴은 사과가 공중에 붕 떠 있는 것을 보고 '만유인력'을 발견했다. (   )

⑥ 『인어 공주』, 『벌거벗은 임금님』을 지은 작가는 안데르센이다. (   )

⑦ 에디슨은 황금알을 낳는 거위를 만들어 발명왕이 되었다. (   )

⑧ 파브르는 곤충을 잡아 해부하면서 곤충을 연구했다. (   )

⑨ 간디는 인도의 독립을 위해 총칼로 맞서 싸웠다. (   )

⑩ 고구려를 세운 주몽은 활을 아주 잘 쏘아서 붙여진 이름이다. (   )

⑪ 콜럼버스는 지구 끝이 낭떠러지라고 생각해 모험을 떠나지 못했다. (   )

⑫ 아인슈타인은 과학자보다 구두 수선공이 되는 게 꿈이었다. (   )

⑬ 베토벤은 귀가 들리지 않아 음악을 포기해야 했다. (   )

⑭ 김홍도는 〈서당〉, 〈씨름〉 등과 같이 주로 서민들의 모습을 그렸다. (   )

❶× ❷○ ❸× ❹× ❺× ❻○ ❼× ❽○ ❾× ❿○ ⓫× ⓬× ⓭× ⓮○

★ 기억에 남는 인물 5명만 써 볼까요?

★ 가장 닮고 싶은 인물은 누구인가요?

★ 왜 그 인물이 가장 닮고 싶은가요?

★ 본인의 장단점은 무엇인가요?

★ 희망하는 직업이나 꿈이 있나요?

★ 꿈을 이루기 위해 어떤 노력을 해야 할까요?

★ 주변에서 훌륭하거나 본받고 싶은 사람을 소개해 볼까요?

시대별 주요 사건

일제 강점기

우리나라는 1910년 8월부터 1945년 8월까지 36년에 걸쳐 일본의 지배를 받았어요. 이 시기를 일제 강점기라고 해요. 일본은 온갖 방법으로 우리나라와 민족을 괴롭혔어요. 우리나라 사람들은 빼앗긴 나라를 되찾으려고 목숨을 바쳐 독립 운동을 펼쳤답니다. 1945년 8월, 일본이 물러가고 우리나라는 나라를 되찾았어요. 이를 기념하고자 만든 날이 8월 15일 광복절이랍니다.

삼일절

일제 강점기였던 1919년 3월 1일, 우리 민족은 대한민국이 독립국임을 전 세계에 알리는 만세 운동을 펼쳤어요. 수많은 사람이 거리에 나와 태극기를 흔들며 "대한 독립 만세!"를 외쳤지요. 이날을 기념하여 만든 날이 삼일절이랍니다.

임진왜란

임진왜란은 조선 시대에 일본이 우리나라에 쳐들어와 일어난 전쟁이에요. 일본은 1592년부터 1598년까지 7년 동안, 두 차례에 걸쳐서 우리나라를 쳐들어왔답니다. 전쟁 준비를 못 하고 있던 우리나라는 큰 어려움을 겪었어요. 온 백성이 힘을 모아 적을 무찌르고 나라를 구하려고 애썼지요. 바다에서는 이순신 장군이 거북선을 이끌고 일본과 맞서 크게 이겼어요. 이순신 장군의 목숨을 앗아 간 노량 해전을 끝으로 일본은 물러가고 임진왜란은 끝났답니다.

제2차 세계 대전

세계 여러 나라가 관여한 큰 규모의 전쟁을 세계 대전이라고 해요. 그 가운데 1939년에 시작된 세계 대전을 제2차 세계 대전이라고 하지요. 주요 참전국은 독일·이탈리아·일본·프랑스·영국·미국·소련·중국이었어요. 1939년에 독일이 폴란드를 공격하자 영국과 프랑스가 독일에 선전 포고를 하여 시작되었지요. 그 뒤, 독일과 소련의 전쟁, 태평양 전쟁으로 확대되었어요. 1943년 9월에 이탈리아, 1945년 5월에 독일, 1945년 8월에 일본이 항복하면서 끝났답니다.

한눈에 보는 인물

01 세종 대왕

02 에디슨

03 이순신

04 베토벤

05 허준

06 노벨

07 광개토 대왕

08 간디

09 선덕 여왕

10 유관순

11 장영실

12 주몽

13 신사임당

14 왕건

15 링컨

16 김구

17 뉴턴

18 김유신

19 김홍도

20 아인슈타인

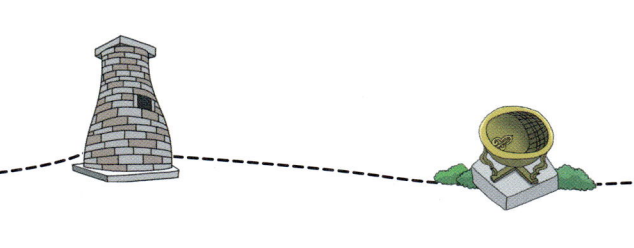

21 정약용

22 헬렌 켈러

23 한호

24 라이트 형제

25 피카소

26 안중근

27 원효

28 마리 퀴리

29 테레사

30 파브르

31 주시경

32 안데르센

33 콜럼버스

34 다빈치

35 나이팅게일

36 문익점

37 장보고

38 페스탈로치

39 방정환

40 김정호

찾아보기

ㄱ
- 간디 … 55
- 광개토 대왕 … 49
- 김구 … 103
- 김유신 … 115
- 김정호 … 247
- 김홍도 … 121

ㄴ ㄷ
- 나이팅게일 … 217
- 노벨 … 43
- 뉴턴 … 109
- 다빈치 … 211

ㄹ ㅁ
- 라이트 형제 … 151
- 링컨 … 97
- 마리 퀴리 … 175
- 문익점 … 223

ㅂ
- 방정환 … 241
- 베토벤 … 31

ㅅ
- 선덕 여왕 … 61
- 세종 대왕 … 13
- 신사임당 … 85

ㅇ
- 아인슈타인 … 127
- 안데르센 … 199
- 안중근 … 163
- 에디슨 … 19
- 왕건 … 91
- 원효 … 169
- 유관순 … 67
- 이순신 … 25

ㅈ
- 장보고 … 229
- 장영실 … 73
- 정약용 … 133
- 주몽 … 79
- 주시경 … 193

ㅋ ㅌ ㅍ
- 콜럼버스 … 205
- 테레사 … 181
- 파브르 … 187
- 페스탈로치 … 235
- 피카소 … 157

ㅎ
- 한호 … 145
- 허준 … 37
- 헬렌 켈러 … 139

글 양혜정

중어중문학과를 졸업하고 '어린이책 작가교실'에서 공부했습니다. 『애벌레는 알고 있을까?』로 MBC 창작동화대상을 받았습니다. 그동안 쓴 책으로 창작 그림책 『도와줘』, 인물 이야기 『허준』, 『강감찬』, 우리 옛이야기 『방귀 뀌는 며느리』, 『우렁각시』, 다시 쓴 명작 『파랑새』 등이 있습니다.

그림 정경호

대학에서 시각디자인을 전공하였습니다. 2002년 신조형 미술대전에 입선하고, 같은 해 KDC 일러스트전에서 특선을 차지하면서 일러스트를 시작하였습니다. 현재는 어린이 학습 교재와 어린이 책의 삽화 작업을 활발히 하고 있습니다. 주요 작품으로는 『열두 띠 이야기』, 『소리를 질러봐』, 『하늘길』, 『사라진 것들을 위하여』, 『스피드 과학』 등이 있습니다.